会说才能赢
对语

谢伦浩 龚 翔／主编

辽宁人民出版社

图书在版编目（CIP）数据

对话 / 谢伦浩，龚翔主编. —沈阳：辽宁人民出版社，
2014.1（2024.1重印）
　（会说才能赢）
ISBN 978-7-205-07846-1

Ⅰ.①对… Ⅱ.①谢… ②龚… Ⅲ.①语言艺术 Ⅳ.①H19

中国版本图书馆 CIP 数据核字（2013）第278658号

出版发行：辽宁人民出版社
　　　　　地址：沈阳市和平区十一纬路 25 号　邮编：110003
　　　　　电话：024-23284321（邮　购）　024-23284324（发行部）
　　　　　传真：024-23284191（发行部）　024-23284304（办公室）
　　　　　http://www.lnpph.com.cn
印　　刷：辽宁新华印务有限公司
幅面尺寸：160mm×230mm
印　　张：10
插　　页：1
字　　数：133千字
出版时间：2014 年 1 月第 1 版
印刷时间：2024 年 1 月第 3 次印刷
责任编辑：孙姣娇
装帧设计：丁末末
责任校对：吴艳杰
书　　号：ISBN 978-7-205-07846-1
定　　价：48.00元

编 委 会

前　言

说话是一门艺术，更是一门高超的语言表达艺术。

古今中外很多卓越的口才大师凭借着超凡的说话能力往往是胸藏百汇，舌吐风雷，振臂高呼，应者云集，挽狂澜于既倒，助巨浪而前行。他们的口才表达能力具有神奇的感染力、说服力和鼓动性。

战国时的苏秦依仗三寸不烂之舌，游说东方六国，身挂六国相印，促成合纵抗秦联盟；三国时诸葛亮出使东吴，舌战群儒，终于说服吴王孙权和都督周瑜联刘抗曹，大破曹兵；周恩来总理多次在谈判桌上，以他那闻名世界的铁嘴挫败敌手，捍卫祖国尊严……无数事实说明，说话艺术能发挥改天换地、惊天动地的巨大作用。

在现实生活中，改革开放的政治形势和现代信息化社会环境，使信息量增大，信息流传加快，口才交际机会增多，说话表达场合拓宽。理论家崇论宏议，情动四海；军事家侃侃而谈，不容置喙。此外，企业家的谈判，营业员的推销，学者的交流都要有非凡的说话技巧。正因为如此，说话艺术作为一种宣传真理的好工具，获取信息的好途径，扩大联系的好机会，求知学习的好渠道，锻炼口才的好方法而受到人们特别是青少年朋友的重视。我们曾看到不同行业、不同年龄、不同层次的人们置身讲坛，英姿焕发，即兴而说；他们或大声疾呼，力陈改革之策；或纵横畅谈，议论美好前程；或热血沸腾，讴歌伟大祖国；或慷慨陈词，痛斥不正之风；或精细剖析，阐明人生哲理……声情并茂，鞭辟入里，令人难忘。

说话是一门艺术，也是一种技术。包括演讲之术、论辩之技、幽默之法、交谈之策、对话之谋……作为技巧，是可以通过后天的训练而习得的。为了提高读者朋友的说话表达能力，我们编写了这套《会说才能赢》说话艺术丛书。丛书共6册，分别为《演讲》、《论辩》、《幽默》、《对话》、《妙答》、《奇辩》。本套丛书讲求实用操作性与知识趣味性的统一，它可以作为读者朋友提升说话能力技巧的专业读物，更是对演讲、论辩、幽默等语言表达艺术情有独钟的青少年朋友的良师益友。

相信这套丛书的出版能促使你成为一个：

有卓越技巧的人，

有优良品质的人，

能适应时代、影响社会的人。

《会说才能赢》编委会

2013年10月

对话 💬

目录
Contents

交际场

名人趣

对话

友谊城

童趣园

01

小僧巧戏老和尚

对话场境 .... ★

　　有个老和尚买了十个饼、一罐蜂蜜，回来后一个人躲在屋里吃起来。他吃饱后，把剩下的饼放在钵盆里，把蜜罐放在床板下。自己要出去，要小和尚看好。

对话内容 .... ★

　　老和尚：我有事出去，你把饼给我看好；床底下那罐里装的是毒药，只要沾上一点马上就会死的。

　　（小和尚等师父走后，把饼拿过来，从床底下拿出蜂蜜倒出来蘸着吃，美美饱餐了一顿，晚上老和尚回来，见到只剩下两个饼，很不高兴。老和尚大声训斥小和尚，小和尚进行争辩）

　　小和尚：师父，你走后，我闻见饼香，实在馋得忍不住，就吃了几个。后来，怕师父回来责怪，就把罐里的毒药也喝了，心想死了一了百了，可不知怎地，这药性到现在还没有发作。

　　老和尚：（更加恼怒，大骂）你这个小畜生，把我的饼全吃了，还有理由……

　　小和尚：（伸手把余下的两个饼也拿来狼吞虎咽地吃了，边吃边说）把这两个都吃了，才算吃光哩！

　　（老和尚气得险些被一口气憋死）

对话点评 •• ★

老和尚自己一个人吃饼、喝蜂蜜也就算了，可他还骗小和尚说"床底下的那罐里装的是毒药"，这不是此地无银三百两吗？小和尚偷吃了饼和蜂蜜之后，被老和尚训斥，他一直装疯卖傻，并钻老和尚语言上的漏洞，将剩余的两个饼也吃了，气得老和尚差点儿被一口气憋死。看罢故事，我们真是叹服小和尚的聪颖和智辩。

02

王雪辨鹿

对话场境 •• ★

王安石的小儿子王雪（即王元泽），小时候就聪明过人。有一天，王安石的朋友李某来拜会王安石，想考一考闻名遐迩的小元泽，李某看着刚送来的一头獐和一头鹿计上心来。

对话内容 •• ★

李某：（指着獐和鹿）这两头哪头是獐，哪头是鹿？

（当时，王雪才六岁，且獐与鹿十分难辨，但王雪毕竟聪明，眼珠一转，作了回答）

王雪：獐旁边的那头是鹿，鹿旁边的那头是獐。

（李某听后，惊叹不已）

对话点评 •• ★

王雪针对父亲的朋友李某给出的难题不能正面作答，因为他根本就不知道到底具体哪一头是什么。于是采取模糊语言进行回答，实际上也是一种诡辩。你说獐旁边不是鹿吧，而獐旁边确实是鹿；你说鹿旁边不是獐吧，它又确实是獐。令人感到无所驳斥，而这句话竟然出自一个六岁龄童之口，李某不得不惊叹王雪的聪颖了。

03

林肯回答老师的难题

对话场境 ··· ★

　　林肯在学校读书时，有一次考试，老师是这样考他的。

对话内容 ··· ★

　　老师：林肯，这里有一道难题和两道容易的题目，由你任选其一。

　　林肯：我就考一道难题吧。

　　老师：好吧，那么你回答，鸡蛋是怎么来的？

　　林肯：鸡生的呗。

　　老师：鸡又是哪里来的呢？

　　林肯：老师，这是您提的第二个问题了。

对话点评 ··· ★

　　老师有意让林肯回答鸡与蛋孰先孰后的问题，而林肯知道这个问题是不好作答的。于是借题发挥，说老师只要他回答一个难题，而自己也已经作答，这样就巧妙地达到了借对方之题，来堵塞老师继续提问的目的，也避免陷入"先有鸡，还是先有蛋"的这一诡辩泥潭。

04

两小儿辩日

对话场境 .... ★

一天，孔子向东面出游，路上忽见两个小孩儿在激烈地辩论，便惊问其故。

对话内容 .... ★

孔子：你们两个小孩儿在那里争辩什么？

小孩甲：我认为太阳出来时离我们近，到中午时就离我们远了。

小孩乙：不对，太阳出来离我们远，到中午就离我们近。

小孩甲：太阳出来时，看上去大得像车盖；等到中午时，太阳就小得像盘子，这不是远的东西小吗？

小孩乙：不对，太阳出来时，人的感觉是清清凉凉，等到中午时，热得像把手伸向烫水里，这不是远的凉、近的热吗？

两小孩：（对孔子）你说我们的话到底谁对谁错？

（孔子沉思了好久，不能做出结论）

对话点评 .... ★

本篇选自《列子·汤问》，表面上是写两个小孩儿的舌战，实际上是表达了列子自己对宇宙自然的看法。虽然在今天看来，这些看法是十分幼稚的，然而人类的知识文明正是从这些无数原始的思想中发展起来的。

05

小男孩的闹剧

对话场境 ························· ★

一只皮球破窗而入，进了唐家太太的厨房，不久，一个小男孩来按门铃。

对话内容 ························· ★

小男孩：爸爸一会儿就来给您装玻璃。

（果然不错，一个男子走上台阶，唐太太把皮球还给了那孩子，孩子走了。那人帮唐太太换好了玻璃）

男子：十块钱。

唐太太：什么？你不是他的爸爸？

男子：什么？你不是他妈妈？

对话点评 ························· ★

小男孩自编自导自演的一场闹剧竟然成功地糊弄了两个成人。他糊弄那个修理工，把唐太太说成他妈妈，接着又糊弄唐太太说修理工是他爸爸，伪造身份，让人又觉得合情合理。小男孩坐收了渔翁之利，既拿走了皮球，又免于了赔偿玻璃。小男孩的狡黠可爱引人大笑。

06

小男孩巧言得饼干

对话场境 .... ★

一个小男孩站在低低的柜台前面，凝视着一盒打开了的巧克力饼干。食品店的老板看到了，于是和他打起了趣。

对话内容 .... ★

老板：喂，小孩儿，你想干啥？

小男孩：没什么。

老板：没什么？我看你好像是想拿一块饼干。

小男孩：不，你错了先生，我是想尽量不拿。

（老板不禁被他的机智和可爱逗得哈哈大笑，于是送给他一盒饼干，作为嘉奖）

对话点评 .... ★

饼干对小男孩是有诱惑力的。小男孩被老板问起时，没有直说要，其实直接说要也很可能得不到。小男孩于是换了一种说法"我是想尽量不拿"，实际上说他自己还是想要。他的机智和可爱打动了老板，如愿以偿地得到了饼干。

07

刘先生儿子制胜的秘诀

对话场境 ⋯⋯⋯⋯⋯⋯⋯⋯⋯⋯⋯⋯⋯⋯⋯⋯⋯⋯ ★

刘先生看到自己的儿子与邻居强壮的小孩儿掰手腕比赛，就鼓励他说："加把油，赢了我给你2元钱。"后来，儿子果然赢了，刘先生便给了他2元钱，以后儿子又胜了几次，刘先生照样每次都给2元钱，但刘先生思考再三，总觉得儿子敌不过邻居的孩子，有一次刘先生拿这事问儿子。

对话内容 ⋯⋯⋯⋯⋯⋯⋯⋯⋯⋯⋯⋯⋯⋯⋯⋯⋯⋯ ★

刘先生：你果真能赢他吗？

儿子：当然，百战百胜。

刘先生：那你用了什么技巧呢？

儿子：这非常简单，我每次给他五毛钱，他准败。

对话点评 ⋯⋯⋯⋯⋯⋯⋯⋯⋯⋯⋯⋯⋯⋯⋯⋯⋯⋯ ★

刘先生儿子的必胜秘诀竟然是用钱买通邻居小孩儿，两个小孩儿在那里做戏，只蒙着刘先生一人。而儿子给邻居小孩儿的钱是从刘先生的物质奖励里来的。刘先后听了自己儿子的话，是不是该注意一下自己的教育方法了呢？

08

小徒儿对付师伯中伤

对话场境 ★

　　某寺院甲、乙两僧素有嫌隙，甲僧心胸狭窄，总想伺机攻击乙僧，又苦于找不到借口，甲僧于是从乙僧的小徒儿身上打主意。一天，他向方丈诬告："今天在大雄宝殿念经礼佛的时候，乙僧的小徒儿跪在最后一排做鬼脸，亵渎佛祖！"方丈听后表示要严厉惩处。翌日，方丈在佛事完毕后，果然叫出小徒儿，责问此事。

对话内容 ★

　　小徒儿：我在后排做鬼脸何人所见？

　　甲僧：（抢前一步，横眉怒对）我亲眼所见，你还想抵赖！

　　小徒儿：请问师伯当时站在哪里？

　　甲僧：大家知道，我站在前排。

　　小徒儿：您不回头看，怎么会看见我做了鬼脸？

　　（甲僧顿时满脸羞愧，无地自容）

对话点评 ★

　　小徒儿最后那句反问很有力量，如果甲僧狡辩说自己没有回头看，那就等于承认自己是诬陷，如果承认，他本身就是对佛祖不恭敬，因此陷甲僧于两难的境地，甲僧无法辩解，自然是满脸羞愧，无地自容了。

09

薛勤一语驳倒陈蕃

对话场境 ﹒﹒﹒﹒﹒﹒﹒﹒﹒﹒﹒﹒﹒﹒﹒﹒﹒﹒﹒﹒﹒﹒﹒﹒﹒﹒﹒﹒﹒﹒﹒﹒﹒ ★

东汉有个人叫陈蕃，有一天，他父亲的好友薛勤来访，见他独居一室，室内杂乱，龌龊不堪，当时薛勤就批评他。

对话内容 ﹒﹒﹒﹒﹒﹒﹒﹒﹒﹒﹒﹒﹒﹒﹒﹒﹒﹒﹒﹒﹒﹒﹒﹒﹒﹒﹒﹒﹒﹒﹒﹒﹒ ★

薛勤：你这小孩儿，怎么不打扫房间、迎接客人呢？

陈蕃：大丈夫活在世上，要干的是轰轰烈烈的大事业，扫除天下之不平，哪里会去扫除一室之污秽呢？

薛勤：你这一间屋子的污秽都不扫除，哪里还能去扫除天下之不平呢？

（陈蕃被驳得哑口无言）

对话点评 ﹒﹒﹒﹒﹒﹒﹒﹒﹒﹒﹒﹒﹒﹒﹒﹒﹒﹒﹒﹒﹒﹒﹒﹒﹒﹒﹒﹒﹒﹒﹒﹒﹒ ★

古人云：一叶落而知天下秋，窥一斑而知全豹。薛勤从陈蕃懒于扫地这件小事，以小见大，见微知著，得出他不能干大事业的结论，切中要害。

10

凯特如法炮制回答爸爸

对话场境 .... ★

小凯特把成绩单交给爸爸，爸爸一看有两门功课没及格，很生气。

对话内容 .... ★

爸爸：你知道吗？华盛顿像你这么大时是全球最优秀的学生。

凯特：据我所知，像你这个年龄时，华盛顿已经是美国总统了。

对话点评 .... ★

凯特思维还是非常敏捷的。她针对爸爸的说法说出了"像你这个年龄时华盛顿已是美国总统了"，噎得她爸爸无话可说，其实她爸爸是想用榜样来教育引导她，凯特经过努力是可以成为优秀学生的，相反地凯特虽然机敏，但在某种意义上讲是一种诡辩，因为不是人人都可以成为美国总统的。

11

小明注解成语

对话场境 .... ★

听说小明在学校语文学得不错，家里人有些不信，想故意考考他。姐姐首先出题了。

对话内容 ·· ★

姐姐：什么叫"千金难买"？

小明：这是价值昂贵的意思。比如，你的男朋友已给你买了一千多元的东西了，你还不答应结婚，这就叫"千金难买"。

姐姐：（生气地）呸！

（哥哥又开始出题了）

哥哥：什么叫"扑朔迷离"？

小明：这是雌雄难分的意思。比如，你和女朋友都留着长发，都穿着花衫子，谁是男，谁是女，叫人分不清，这就叫"扑朔迷离"。

（哥哥生气地走了，爸爸又来问）

爸爸：什么叫"锦上添花"？

小明：这是好上加好的意思。比如你们厂长的儿子结婚，人家本来什么东西都有了，您还送去一台录音机，这就叫"锦上添花"。

爸爸：（大发雷霆）混蛋！

对话点评 ·· ★

小明联系家人的实际注解成语，让姐姐、哥哥、爸爸的"家丑"现形，曝光，直言不讳，真实生动。

12

小孩儿智救爷爷

对话场境 ....★

从前，在一个小村子里，住着一家四口人：丈夫、妻子、他们的儿子，还有小孩的爷爷。他们很贫困。老爷爷干了很多年的活儿，现在已经老得干不动了，全靠儿子和儿媳养活他。他的儿子、儿媳觉得他是个沉重的负担，决定把老爷爷扔到一个很远的地方去。他们从市场上买回了一个大竹筐。天黑后，男人把老爷爷抱起来放进竹筐里。

对话内容 ....★

爷爷：（惊讶地）你们要用筐子把我弄到哪儿去？

爸爸：父亲，您知道，我们不能再照顾您了，我们决定把您送到一个神圣的地方。那儿所有的人都会对您很好的。您在那儿生活会比在这儿更有趣。

爷爷：（气愤地训斥）你这个忘恩负义的畜生！想想你小时候那些年，我是怎么照顾你的，你就这么报答我！

（男人恼羞成怒，猛地背起大竹筐，匆匆走出了屋门，小孩儿一直在旁边偷偷地看着，在父亲就要消失在夜幕之中时，小孩儿向父亲喊话了）

小孩：爸爸，把爷爷送走后，千万记着把筐子带回来。

爸爸：（迷惑不解）为什么？

小孩：等您老了，我想把您送走的时候，还用得着这个大筐子呢！

（听了孩子的话，男人的腿颤抖起来，他没法再往前迈步。回转身，

又把爷爷送回了家)

⋯⋯⋯⋯⋯⋯⋯⋯⋯⋯⋯⋯⋯⋯⋯⋯ ★

　　小孩说将来要用送走他爷爷的筐子将他爸爸送走，让他爸爸设想到自己年老被遗弃的感受，从而让爸爸去体验爷爷年老被遗弃的心情，将心比心之下，使爸爸放弃了错误的主张，又将爷爷送回了家。

13

小华妙解"抄"字

⋯⋯⋯⋯⋯⋯⋯⋯⋯⋯⋯⋯⋯⋯⋯⋯ ★

　　学校举办作文竞赛，一个获一等奖的学生小华在领奖大会上宣读作文。正当他满怀激情朗读时，忽听下面有人嘀咕："哼，那作文是'抄'的。"顿时，同学们一阵交头接耳。

⋯⋯⋯⋯⋯⋯⋯⋯⋯⋯⋯⋯⋯⋯⋯⋯ ★

　　小华：是的，是"抄"的！

　　（全场哗然，老师也大吃一惊）

　　老师：作文比赛是一项严肃的活动，不允许任何弄虚作假的行为，假如你的文章是抄的，核实后将取消评奖资格。

　　（全场又一阵骚动）

　　小华：（坦然地）请允许我把话说完，文章是抄出来的，这是不容置疑的。我说的抄，是经过自己深思熟虑打好腹稿之后，再抄到草稿纸上加以润色，最后再把定稿抄到规定的稿纸上。我抄的正是我自己独特的思想，难道这种"抄"不对吗？

（一阵静默之后，全场响起热烈的掌声；这位学生接受了老师颁发的奖品）

对话点评 ·· ★

"抄"这一个词语可以表达"抄袭"的意思，这也是颁奖大会上老师和同学们认为的意思，因此引起了一场风波。而小华却赋予了"抄"字的另一种意义即"抄写"、"誊写"，这样一来，很快地平息了这场风波，摘取了一等奖的桂冠。

14

聪颖的一休禅师

对话场境 ·· ★

一休禅师自小就很聪明，有一次，他无意之中打破了老师很珍爱的茶杯。但就在这时，他听到了老师的脚步声，连忙将茶杯藏在身后。当老师走到他面前时，一休突然开口了。

对话内容 ·· ★

一休：人为什么一定要死呢？

老师：这是自然之事，世间的一切，有生就有死。

一休：（拿出打破的茶杯）老师，您的茶杯今天死期到了。

（老师此时知上当，但又不好生气，只得讪然一笑）

对话点评 ·· ★

一休开始的那个"人为什么一定要死"的问题是要从老师嘴里套出他需要的话，即"世间的一切，有生就有死"，一休然后直接陈述"您的茶杯今天死期到了"，大师才知杯子被打破了，由于有言在先，不便发火，也只好一笑了之。

15

老奶奶的自嘲

对话场境 ★

有位老奶奶身高 1.70 米，她已故的丈夫却只有 1.65 米。有一天，她的孙儿翻看相册，发现了这一反差，便惊奇地问奶奶。

对话内容 ★

孙儿：奶奶，你怎么会爱一个比你还矮 5 厘米的男人呢？

奶奶：我爱你爷爷的时候，是坐着的，当我站起来的时候就太晚了。

对话点评 ★

老奶奶的话语显然是有自嘲意味的玩笑话，不过它确实要比在孙儿面前说"我爱你爷爷，并不在乎他的身高"这样的话要自然得多、巧妙得多。

16

为什么开狗洞

对话场境 ··· ★

有一小男孩机警伶俐，口才过人。八岁那年换牙齿时，一位老先生想戏弄他。

对话内容 ··· ★

老先生：小相公，你口中为什么开了个狗洞呀？

小孩：这是让您老先生从这儿进进出出呀。

对话点评 ··· ★

对于老先生"口中为什么开了个狗洞"的恶意玩笑，小孩儿来了个反唇相讥"是让您老先生从这儿进进出出呀"。实际上骂老先生是狗，骂得很巧妙。这个故事也从反面告诉我们，开玩笑要抱着与人为善的态度，不然，会弄得自己下不了台。

17

大智若愚的哈里逊

对话场境

美国第九届总统威廉·亨利·哈里逊出生在一个小镇上。他是一个很文静不怕羞的孩子，人们都把他看作是傻瓜。镇上的人常常喜欢捉弄他。他们经常把一枚五分的硬币和一枚一角的硬币扔在他面前，让他任意捡一个。威廉总是捡那个五分的，于是大家都嘲笑他。

有一天，一位妇人看到他很可怜，就走过来和他搭话。

对话内容

妇人：威廉，难道你不知道一角要比五分多吗？

威廉：（慢条斯理）当然知道，不过，如果我捡了那一角的，恐怕他们就再也没有兴趣扔钱给我了。

对话点评

乍一看，威廉是个蠢小子，有面额大的硬币不捡，而去捡面额小的，听他的一席话之后才知道他是大智若愚，区区捡硬币的事竟然处理得这么有心计，比一般的人看得远多了。

家庭乐

01

瞿永令劝阻母亲念佛

对话场境 ······················· ★

瞿永令的母亲信奉佛教，整天"南无阿弥陀佛"念个不停。瞿永令听烦了，就想了个巧妙又简单的办法来劝阻他的母亲。于是他连续几天喊他母亲，他母亲听得不耐烦了。

对话内容 ······················· ★

母亲：没有什么事为何老叫我？！

瞿永令：喊你三四次，您便不高兴了，要是佛的话，像您这样每天叫他千万声，其发怒程度就可想而知了！

（以后，他母亲果然大大减少了念佛次数）

对话点评 ······················· ★

瞿永令仿效其母念佛，通过连续不断地叫母亲惹其厌烦的情形，有力地论证了念佛千万声，佛祖必然会怒不可遏的观点，使其母有所醒悟，大大减少了念佛次数，瞿永令的目的也基本上达到了。

02

女婿舌战丈人

对话场境 ··· ★

有个人到丈人家住了很长时间还不想回家，丈人又不便当面赶他走。

有一天，丈人实在忍不住了，便跟他说起这事。

对话内容 ··· ★

丈人：女婿啊，我家中的禽兽都已杀尽吃光了，没有什么好东西来款待你了，只请女婿你不要责怪啊。

女婿：岳父大人您不必烦恼，我来时见到一群鹿在林外不远处那座山坡上徜徉，长得都很肥壮，只要把它们捉来，烤来吃也能吃很多天呢。

丈人：你来时鹿群在那里，可现在已经一个多月过去了，鹿肯定早就离开了。

女婿：不会的，那地方有好吃的东西，它们还肯离开吗？

对话点评 ··· ★

丈人讲话很有水平，没有直言要女婿回家，只说禽兽已杀光吃尽，没有好东西款待他了，但是逐客之意已隐含于其中了。女婿的口才更是了得。不指斥丈人小气，却安慰他不要烦恼，说有很多鹿在林外山坡上，到丈人说鹿已离开，女婿使用双关语说鹿是不会离开有好吃的东西的地方，表明了自己不离开有好吃的东西的丈人家。这使丈人与他女婿之间的这番舌战着实有趣。

03

艾子巧驳门生

对话场境 .... ★

　　艾子喜欢饮酒，常常喝得酩酊大醉。他的门生在一起商量道："我们直言向他劝说没有效果，只能用凶险的事实来吓倒他，让他不敢喝酒。"

　　一天，艾子大饮后又醉倒了，吐了一地。门生们暗地里拿了猪的肚肠放到呕吐物里，让艾子来看，并以严重的语气告诫他。

对话内容 .... ★

　　门生：每个人都要有五脏六腑才能活下去，现在您因为饮酒过多，已呕出一脏，只剩下四脏了，还怎么活下去呀？

　　艾子：(看了呕吐物，笑道)唐三藏（谐音"脏"，唐三藏指唐代和尚玄奘）尚能活下去，我还多他一脏，岂有不能活之理？

对话点评 .... ★

　　门生们担心老师的身体，想出了"绝法"来吓他。谁知艾子醉酒后，头脑仍然相当清醒，他观察了一下呕吐物，完全明白了徒弟的"鬼把戏"，也不揭穿他们，只是运用谐音法，引用唐僧这个著名人物来诙谐风趣地驳难徒弟，轻而易举地赢得了这场舌战的胜利。艾子机敏幽默的辩论术真是太让人佩服了。

04

诸葛亮情义两全之策

诸葛亮在东吴舌战群儒，才惊江左。就连东吴都督周瑜也说："如果此人帮助刘备的话，那么迟早会成为东吴的祸患。"因此想找机会除掉他。鲁肃却认为诸葛亮可为东吴所用，周瑜觉得言之有理，于是他派诸葛瑾去劝他胞弟归顺东吴，诸葛瑾受命而来。

诸葛瑾：（流着泪）弟弟知道伯夷、叔齐的故事吗？

（诸葛亮想这一定是周郎要他来做游说的）

诸葛亮：伯夷、叔齐都是古代的圣贤。

诸葛瑾：伯夷、叔齐虽然饿死在了首阳山下，但兄弟二人始终在一起。我和你虽然是亲兄弟却各为其主，不能早晚在一起，比起伯夷、叔齐两兄弟，我们难道不感到惭愧吗？

诸葛亮：兄长所说的是人情，我所坚守的是信义，兄长与我都是汉人，现在刘皇叔是汉室的后代，吾兄假如能够离开东吴，而和我一起辅佐刘皇叔，那么就不愧为汉臣，而且又能兄弟得以团聚，这是情义两全的好办法，不知道兄长意下如何？

诸葛瑾：这……这……

诸葛瑾借用伯夷、叔齐的故事，是想以手足之情来劝说孔明，希望共事一主，又可以朝夕相对，孔明在肯定人情后，也希望共事一主，而这主应该是刘皇叔，而不是孙权，因为刘皇叔是汉王室的后代，也是孔明匡扶汉室的义之所在，诸葛瑾以手足之情说孔明，而孔明却对以情义两全之理，诸葛瑾注定要落在下风，也显示孔明敏捷的反应能力和高超的会话技巧。

05

主人诱使仆人说真话

对话场境 ★

　　主人每天早上都要吃一个土豆。有一天，他把土豆放在餐厅的壁炉上热一下，不久却不翼而飞了。

对话内容 ★

　　主人：我的上帝，谁把我的土豆吃了？

　　仆人：(掩饰道)不是我。

　　主人：那就太好了！

　　仆人：为什么？

　　主人：因为我在土豆上放了砒霜，想用它毒老鼠。

　　仆人：(面如土色)是我偷吃了土豆。

　　主人：放心吧，我不过是想让你说真话罢了。

对话点评 ★

　　主人巧设圈套，诱使仆人上当。上当的仆人在整个过程中为自己的上当而懊恼后又明白，笑那圈套的狡猾，笑自己刚才的愚钝。

06

小郭劝父就医

小郭的父亲有一段时间觉得身体不适，食欲不振，脸上气色不大好。小郭夫妇很是担忧，几次要陪老人去医院检查身体，可是老人总是执拗着不愿去，说是生怕一查再查出个什么大病来。这天小郭吃过早饭后，和父亲谈了起来。

小郭：爹，今天我休息，要带您去查查身体，您说是去人民医院好呢，还是去工人医院？都说工人医院设备好，门诊上又都是老大夫，对平凡人的态度很和气，您老人家说，咱们去哪家医院呢？

父亲：这么说，咱们就去工人医院吧。

（讳疾忌医的老人竟在不知不觉中顺从了儿子，做出了去医院就诊的决定）

小郭绕过"要不要去医院"这个老人很敏感的问题，直接发问让老人考虑"去哪家医院"，并提供了几个具体方案让他选择，使老人在不知不觉之中被"逼着"做出了去医院的决定，达到了劝说的目的。

07

女王夫妇的三问三答

对话场境 ★

英国女王维多利亚，与其丈夫阿尔伯特相亲相爱，感情很好。妻子是一国之君，忙于公务，而丈夫却不太关心政治，对社交缺乏兴趣。有一天，女王办完公事，深夜回卧房，见房门紧闭，就敲起门来。

对话内容 ★

阿尔伯特：谁？

女王：我是女王。（门未开，再敲）

阿尔伯特：谁？

女王：维多利亚。（门半开，再敲）

阿尔伯特：谁？

女王：（温柔地）你的妻子。

（门开了，一双手把她拉了进去）

对话点评 ★

女王开头两次都没有敲开门，而第三次一句柔和的"你的妻子"不但敲开了门，还敲开了丈夫的心扉。由此可见，柔和语言的力量有多大了。

08

父亲巧批儿子

对话场境 ·· ★

一家人在吃饭，儿子却对着筷子发起了感慨。

对话内容 ·· ★

儿子：先进与落后，文明与愚昧，即使在使用餐具上也能体现出来。外国人用的金属刀叉，而我们用的却是两根竹筷子。

（父亲听着这话很不顺耳，但他没发火）

父亲：这个问题好解决。

（他拿起火钳，一把塞给儿子。）

父亲：给，使用这个吃，也是金属的，重量也够!

对话点评 ·· ★

这位父亲对儿子崇洋媚外的思想，没有粗暴、直接地训斥，而是巧用幽默，这样更易于使其接受批评。应该说，这位父亲教育儿子的方法是很科学的。

09

李霞巧探真情

　　李霞爱上了同事小刘，小刘也喜欢李霞，但他性格内向，不善于表白。李霞不知道他对自己怎么样，想主动挑明，又不好意思，于是决定试一试。

　　李霞：知道后勤处的王明吗？

　　小刘：知道啊，怎么了？

　　李霞：那人真逗，老跟我说瞎话，不过还是很有礼貌的。

　　小刘：（不自然地）啊，他跟你说什么啦？

　　李霞：（微微一笑）我送文件去的时候，他说我的字写得很好，还说这么有骨力的字，不像我这么秀气的手写出的。

　　小刘：（鼻子发酸）他是在讨好你吧？

　　李霞：我又不是什么领导，他讨好我干吗？

　　小刘：谁知道，无聊的人总是有的。

　　李霞：倒也是。不过也说明人家挺在乎我，不像有的人，根本对我视而不见。

　　小刘：难道我不在乎你吗？

　　李霞：你在乎什么？从没听你说过我一句好话！

　　小刘：我只是不像别人那么肉麻，什么都挂在嘴上。

（李霞心里有了底，很高兴）

对话点评 ┈┈┈┈┈┈┈┈┈┈┈┈┈┈┈┈┈┈┈┈┈┈┈ ★

　　李霞为了试探出小刘的真实想法，为他树立了一个竞争对手王明，就这样在男性竞争意识的驱使下小刘说出了自己的真实想法。说明李霞的这一招挑起竞争法还是相当有效的，至于竞争对手王明是真有其人还是虚构的，我们便不得而知了。

10

长孙皇后规劝唐太宗

对话场境 ┈┈┈┈┈┈┈┈┈┈┈┈┈┈┈┈┈┈┈┈┈┈┈ ★

　　魏徵屡次当着朝臣的面跟唐太宗当面顶撞，使他下不了台。有一次，唐太宗受到顶撞后，怒气冲冲地回到后宫，向长孙皇后发牢骚。

对话内容 ┈┈┈┈┈┈┈┈┈┈┈┈┈┈┈┈┈┈┈┈┈┈┈ ★

　　唐太宗：总有一天，我要杀掉这个乡巴佬！

　　长孙皇后：您在跟谁生气呀？

　　唐太宗：还不是那个魏徵，竟敢当着百官的面指责我。

　　（长孙皇后默然走进房内，过了一会儿，换上只有喜庆典礼之日才穿的礼服走出来，朝太宗跪拜道贺）

　　唐太宗：（惊讶地）你这是干什么呀？

　　长孙皇后：臣妾听说，只要皇上圣明，臣子就一定忠良。魏徵敢于直言批评您，正是陛下圣德之福，所以臣妾要向您庆贺。

　　（唐太宗立即转怒为喜）

唐太宗虽然善于虚心纳谏，但有时也由于魏徵当面廷争的"火力"太猛而恼怒，以致说出了"总有一天，我要杀掉这个乡巴佬"的话，而长孙皇后却从唐朝的根本利益出发，对丈夫进行规谏，但她一不直言谏阻，二不委婉提示，却是穿着礼服庆贺皇帝圣明，臣子忠良给朝廷带来的大福，从而使李世民幡然醒悟，转怒为喜。这种"争辩"水平实在是太高超了。

11

作家妙治懒惰仆人

对话场境

一作家一次出游，让他的仆人刷一下他的鞋子，但仆人没有遵照执行，第二天，作家问起了这事。

对话内容

作家：昨天，我要你刷的鞋子你怎么没有刷？

仆人：刷了有什么用，路上都是泥，很快又沾上泥了。

（作家没有做声，过了几天，仆人出去做事，很晚才回来，发现作家没有给他留一点儿食物）

仆人：食物都没了，我还没吃晚餐呢？

作家：吃了有什么用，很快又会饿了。

对话点评

仆人明明是偷懒不想给作家擦鞋子，却说什么刷了也没用，反正要弄脏的。作家故意不给仆人留食物，当仆人问起时，就套用他的话说吃了也没用，反正会饿的，噎得仆人半死，作家的反戈一击，真让人拍案叫绝。

12

小陈三言两语解误会

对话场境 ★

一次，在庐山脚下九江市工作的女青年小张，接到在外地工作与她有恋爱意向的男朋友小陈的电话。

对话内容 ★

小陈：喂，我七月中旬请假去庐山玩，还去看你，好吗？

小张：（不高兴地）什么请假来庐山玩还来看我？庐山很凉快，是吗？哼！

小陈：哦，请示不当，不批准呀？喂，我重新请示，你听着噢：我想七月中旬请假来看看你，是来看你，还上庐山玩，可以吗？

小张：（满意地）好吧。

对话点评 ★

小陈说的那些话，内容无有改动，只是将话序调整了一下就产生了两种截然不同的效果。为什么呢？小陈的第一次"请示"将上庐山去玩放到了去看小张的前面，好像去看小张只是顺带，小张当然不高兴了。还好，小陈年轻，脑子转得快，很快发现问题的症结所在，在第二次"请示"的时候将看小张放在前面，三言两语就解除了误会。

13

小李劝慰亡妻兄长

　　小李一兄长不幸丧妻，留下两个嗷嗷待哺的孩子。兄长面对亡妻幼子，痛不欲生，悲啼欲绝。长辈左劝右劝皆无济于事。

　　在外地工作的小李归家探视吊唁，见众人劝说无效，就决定试一试。小李说要跟他的兄长到村外转转，兄长答应了，小李一直把他带到了他们小时候经常玩耍的小池塘边。

　　小李：哥，你还记得咱们那年冬天在池塘溜冰的事吗？

　　小李兄长：（幽幽地）记得。

　　小李：如果那年你掉进冰窟窿里出不来，想必就不会有今日嫂子之事了。

　　小李兄长：（沉吟良久）是的。

　　小李：人生中啥事都会发生，因而无论发生了啥事，都要看开些。嫂子已经如此，你就是难过死，又有多大作用？人死又不能复生，你如果再想不开，有个一差二错，两个侄儿咋办？现在我觉得，你要想的不是已故的嫂子，你要为活的人着想。嫂子一去，你也不可能不难过。但是一味难过又于事无补，可咱们从现在起该为咋样活着想才对。

　　（接着，小李又跟他讲了许多同龄人发生的偶然事件，有些人事还是他们都很熟悉的，他们的不幸比小李兄长更甚。在相比较中，小李兄长似

乎也觉得自己的不幸不算最惨的。于是脸上便有了几分平和之色，渐渐振作起来）

对话点评 .... ★

　　小李劝慰兄长的方法是很得宜的。他把兄长带离他的家，一来可以使兄长离开伤心地，免得触景生情，二来到了小池塘边，有一个切入话题的良好入口。小李让自己的兄长回忆起儿时大难不死的经历，说明人生的"无常"，让他节哀顺便，再拿出自己的两个侄儿的生活让他考虑，要他多为侄儿想想，这样两个侄儿就比较成功地"拖"住了小李兄长的心，让他不得胡思乱想。然后举了一些他们熟悉的比小李兄长还不幸的同龄人的事，正是"人处逆境之中，须看境况不如我者"。小李引导其兄长这样去看，兄长肯定会宽慰一些。就这样，小李终于成功地宽慰了兄长，让他振奋起来了。

14

女用人智对主妇

对话场境 .... ★

　　有位主妇新请了一位女用人，有一天，主妇这样交待女用人。

对话内容 .... ★

　　主妇：如果你不介意，我就叫你阿莲，这是以前帮我做事的人的名字，我不喜欢改变我的习惯。

　　女用人：我也很喜欢这种习惯，这么说来，我就可以叫你马先生了，因为这是我以前的主人。

对话点评 ‧‧‧ ★

以女用人的身份，她是不便正面驳斥主人荒谬的做法的。但她借用女主人的话，巧妙地点明其做法的荒谬性，回敬得既有力又得体，显得非常机智。

15

到底谁不幸

对话场境 ‧‧ ★

妻子一进门就仰天长叹起来，好像遇到了很不幸的事。

对话内容 ‧‧ ★

妻子：大不幸，天大的不幸啊！

丈夫：（紧张地）谁不幸啦？

妻子：你不幸啊！

丈夫：我怎么啦？

妻子：群众推选我当车间主任啦，今后家务活儿，你得多多地干啦！

对话点评 ‧‧‧ ★

妻子一进门就长叹"大不幸"，弄得丈夫有些紧张，一弄明白才知道妻子升了职，以后家务事要丈夫多做了，故说丈夫大不幸，弄得丈夫在释然之余，又不得不感叹妻子的古灵精怪。

对话

16

伽利略劝父

意大利科学家伽利略青年时立志学习哲学，可是他父亲却不同意。一次，伽利略又为这事去找父亲谈。

伽利略：爸爸，我想问你一件事，是什么促成了你同母亲的婚事？

父亲：我看上她了。

伽利略：那你没娶过别的女人？

父亲：没有的事，孩子，老天在上，家里的人要我讨一位富有的太太，可我只对阿纳蒂姑娘钟情，我追求她就像一个梦游者，要知道你母亲从前是一位姿艳动人的姑娘……

伽利略：这倒确实，现在也还看得出来。你知道，我现在也面临同样的处境。除了哲学以外，我不可能选择别的职业。哲学是我惟一的需要，我对它的爱有如对一位美貌女子的倾慕。

（父亲终于同意了他的要求）

伽利略如果直接跟父亲谈立志学哲学，很容易使本来就不同意此事的父亲产生一道心理防线，不利于进一步劝说父亲接受他的意见。伽利略从父亲与母亲的感情谈起，以父亲对母亲的倾慕和深爱来类比自己对哲学的深爱，终于使父亲同意了他的要求。当然，伽利略的良法在我们中国可能还行不通；你要是跟你父亲谈他和你母亲的感情经历，他会认为你没大没小的。

17

心爱的人的照片

对话场境 ·· ★

马克思和燕妮相爱已久，但谁也没有先说出"我爱你"这令人心醉的三个字。

一天黄昏，马克思与燕妮同坐在摩泽尔河畔的草坪上谈心。

对话内容 ·· ★

马克思：（凝视着燕妮）我已找到心爱的人了！

燕妮：（心里一颤，继而问道）你爱她吗？

马克思：（热情地）爱她！她是我遇见过的姑娘中最好的一个，我将永远从心底里爱她！

燕妮：（强忍着感情，平静地）祝你幸福。

马克思：（风趣地）我身边还带着她的照片哩，你想看看吗？

（说着把一只精致的小匣子递过去，燕妮打开小匣，恍然大悟。原来匣子里面是一面小镜子，镜子里正映着自己绯红的脸庞）

对话点评 ·· ★

燕妮开始以为马克思说的他心爱的人是另一位姑娘，心里是很悲痛的，马克思也不直接点破，只说自己怎样地爱她，最后巧用暗示法，递给了一个有镜子的匣子，让燕妮知道马克思所说的心爱的姑娘就是她。马克思先前热烈的话语全部是对她讲的，燕妮转悲为喜了。马克思这种示爱的方法是不是比直接对燕妮说"我爱你"好多了呢？

18

理屈词穷的丈夫

对话场境 ·························· ★

有一位丈夫对自己妻子的频繁出门很不满意，但他却不直说，而是想了一个诡计，想借此将妻子数落一番。

对话内容 ·························· ★

丈夫：今天你还是要出去吗？

妻子：嗯！我想出去买点儿东西。

丈夫：你出去倒没关系，可别再带那条怪模怪样的花狗去。

妻子：唔！我觉得那条花狗蛮可爱呀。

丈夫：你一定要带着它，是想以它作为对比，衬托出自己的美貌吧？

妻子：（生气地）你真是糊涂，我如果想那样的话，还不如带你出去好些！

对话点评 ·························· ★

丈夫没有直接反对妻子出门，而是从妻子常带着的那条狗入手，嘲笑妻子带一条那么丑的狗出去是为了掩护自己的不漂亮，妻子则针锋相对，我要是想要它作陪衬物，还不如找你，意思是那狗虽丑，却比丈夫你可强多了，丈夫被说得理屈词穷了。

19

妻子的禁令

对话场境 ··· ★

小赵的岳母要到他们家来，小赵的妻子要小赵去车站接人，小赵却坐着不动。

对话内容 ··· ★

妻子：喂，你怎么还不快去车站接我妈？

小赵：我不敢去。

妻子：为什么？

丈夫：你规定我除你之外不准接触任何女人的禁令还有效吗？

对话点评 ··· ★

丈夫找到这样一个机会说不敢去车站接岳母，侧面批判了妻子"不准和任何其他女性接触"的禁令。这一下，该是妻子哭笑不得了。

20

小吴灵机一动答女友

对话场境 ······················★

小吴的女友想试探一下小吴对自己到底怎么样，就设计了这样一个问题。

对话内容 ······················★

女友：如果我和我妈同时落水，你该先救谁？

小吴：当然要先救未来的妈妈！

对话点评 ······················★

小吴女友的这个问题真让人左右为难，小吴灵机一动想出的答案也相当不错，因为"未来的妈妈"既可指自己的女友，也可指女友的妈妈。这种两面玲珑、左右逢源的答法实在太妙了。

21

妻子歪理化不快

对话场境 ······················★

一天，丈夫外出，穿了件崭新的白外衣，没料到遇上倾盆大雨，把全身淋透了，成了落汤鸡。还好，路过朋友家，他借了件黑外衣穿回家。

到了家门，看门的狗狂吠不止，并要扑向他身上。丈夫很生气，正想拿木棒打时，妻子出来阻止他了。

对话内容 ·· ★

妻子：算了吧，别打它。

丈夫：这条狗连我都认不出，真可恶！

妻子：亲爱的，你也设身处地为它想想，假如这条白狗跑出去变成了一条黑狗，你能认得出来吗？

（丈夫被她的话逗笑了）

对话点评 ·· ★

自家养的狗不认识主人，丈夫当然很生气，妻子却为狗开脱，开了一句玩笑，巧妙地将丈夫的遭遇和狗的变化联系在一起，不但没有被丈夫怪罪，还把丈夫逗笑了，心头的怒火也平息了。

交际场

01

大饭店的老板与擦鞋匠

对话场境 ······················★

大饭店的老板在走廊尽头的墙角下碰见一个表情非常悲伤的擦鞋匠。于是他把手搭在擦鞋匠的肩上，试图安慰他。

对话内容 ······················★

老板：先生，你用不着这么悲伤的，我年轻的时候也当过擦鞋匠，但是你看，我现在是这一家大饭店的老板。因为这是自由竞争的社会，每个人都有出人头地的一天。

擦鞋匠：（更加悲伤）是呀！我从前也是一家大饭店的老板。但是你看，现在我却是个一文不名的擦鞋匠。这就是自由竞争社会之下自由竞争的法则。

对话点评 ······················★

令人感到惊奇的是谁会想到一个擦鞋匠也有过很风光的日子，现在却沦落如斯，饭店老板安慰他的话不是没有道理，只是他只看到了自由竞争优越的一面，而擦鞋匠却用自己的亲身经历揭示了自由竞争法则的另一方面，就是其残酷性。其实，自由竞争法则和其他事物一样，也是一分为二的。

02

农民平息秀才争论

几个秀才聚在一起讨论天与地之间的距离，大家各抒己见，无法定论。这时有一个农民走近，听见他们的议论后，发表了自己的见解。

对话内容 ·· ★

农民：天离地只有三四百里路程，如果从地上去天上，走得慢一点，四天时间就可以到达，走得快些，三天就可到了。往返一次也只需六七天时间。你们有什么争论不休的呢？

秀才们：（十分惊异）你说的可有根据？

农民：你们难道没有看见过人们送灶神上天的事情吗？送灶神上天是腊月二十三日，而迎接灶神从天上回来是腊月三十日，从二十三日到三十日不过七天时间，以一半计算，三天半，平均每天走百里，不是只有三四百里路程吗？

（秀才们个个摇头晃脑，赞道："言之有理，言之有理！"）

对话点评 ·· ★

秀才们为天与地之间的距离问题争论不停，农民看似正确的一席话平息了争论，其实在我们看来农民的观点也是不正确的，因为灶神这个农民推理的基础它是虚构的，下面的推理当然也是不对的。但是农民对天地之间距离的测算，有论点，有论据，论点与论据之间也好像有联系，颇能迷惑人，难怪那帮秀才连呼"言之有理"了。

03

卡特母亲巧拒记者

对话场境 ⭐

莉莲·卡特是美国前总统卡特的母亲。一次，一位令人讨厌的女记者来采访她。尽管莉莲·卡特对此人很反感，但是出于礼貌还是让她进了屋，并同她寒暄。

对话内容 ⭐

莉莲·卡特：见到您，非常高兴。

女记者：我很高兴您这样说。您的儿子到各地演讲，并告诉人们，如果他曾经对我们撒谎，就不要选他。您能不能诚实地告诉我，您的儿子到底说过谎没有？

莉莲·卡特：说过，但那都是善意的。

女记者：那么什么是善意的谎言？您能否给我举个例子呢？

莉莲·卡特：（笑着）比如，您刚才进门的时候，我曾说过见到您，非常高兴。

（女记者脸一红，赶快起身告辞了）

对话点评 ⭐

卡特母亲借回答问题的机会，委婉地下了逐客令，这样既不失礼节，不让女记者过于难堪，又达到了拒客的目的。

04

差役评画

对话场境 ·· ★

我国古代，有一县令画画的基本功很差，却很喜欢卖弄。他画的虎总像猫，可偏有一个习惯：每当完成一幅作品，都爱在厅堂里展出，让手下的差役评论。而且最喜欢听吹捧自己的好话，谁要说了实话，那就会遭到他的惩罚，轻则挨打，重则赶回家去。

后来，衙门来了一个年轻的差役，脑子聪明，很会随机应变，伙伴们便鼓动他在县令面前说一回实话，让县官老爷知道自己画的虎像猫不像虎。

一天，县太爷又完成一幅"虎"画，悬挂厅堂。又召集全体差役来欣赏。差役们两边站立，县官洋洋自得。

对话内容 ·· ★

县官：各位瞧瞧本官画的是什么呀？

（差役们默然无声，县官见无人反应，于是他一眼瞅上了那个新来的差役，要他评价评价）

差役：老爷，我有点怕。

县官：哎，怕什么？别怕。老爷在此怕什么？

差役：老爷，你也怕。

县官：什么？老爷我也怕，那是什么？快说。

差役：怕天子，老爷，你是天子之臣，当然怕天子呀！

县官：唔！对，老爷怕天子，可天子就什么不怕了。

差役：不，天子怕天。

县官：天子是天老爷的儿子，怕天，有道理。好！天老爷又怕什么？

差役：怕云。怕云遮天。

县官：云又怕什么？

差役：怕风。

县官：风又怕什么？

差役：怕墙。

县官：墙怕什么？

差役：怕老鼠，老鼠会打洞。

县官：那么老鼠又怕什么呢？

差役：（手一指）老鼠最怕它。

（大家同时往那一看，正是县太爷的新作。县太爷的脸刷地一下子红了，以后再也不敢卖弄自己的"佳作"了）

对话点评 ∙∙∙ ★

新来的差役没有直接说县太爷画的虎像猫，而是与之周旋，两个人好像猜谜语一般，差役凭猜谜一般的一问一答，不停地向自己要说的话靠近，最后再回到评价县官的画上面，表达了自己的真实看法，既不太逆耳，又教育了县官，这个差役真是聪明。

05

装糊涂的普希金

对话场境 .... ★

普希金年轻的时候，并不出名。有一次，他在彼得堡参加一个公爵家的舞会，看到了一位年轻而且非常漂亮的贵族小姐，便大胆地走上前去邀请她跳舞。

对话内容 .... ★

普希金：小姐，我可以请你跳舞吗？

小姐：（傲慢地）我不能和小孩子一起跳舞。

普希金：（微笑地）对不起，亲爱的小姐，我不知道你在怀着孩子。

（说完，他很礼貌地鞠了躬）

对话点评 .... ★

被一个年轻而漂亮的小姐拒绝是很尴尬的，一般的人可能只好静静地走开。而普希金不同，他巧妙地装糊涂，不但使自己很体面地下了台，而且还很巧妙地回击了傲慢无礼的贵族小姐。

06

机智的绅士

对话场境 ●● ★

开往日内瓦的快车上，列车员正在检票。一位先生手忙脚乱地寻找自己的车票，他翻遍所有的衣袋，终于找到了。他自言自语地说："感谢上帝、总算找到了。""找不到也不要紧。"旁边的一位绅士说，"我到日内瓦去过 20 次都没买车票。"这话正被站在一旁的列车员听到了，于是火车到达日内瓦之后，这位绅士被带到了拘留所进行严厉的审问。

对话内容 ●● ★

列车员：你说过，你曾 20 次无票乘车来到日内瓦。

绅士：是的，我说过。

列车员：你知道，这是违法的。

绅士：不，我不这么认为。

列车员：那么，你如何向法官解释无票乘车是正当的呢?

绅士：很简单，我是开汽车来的。

对话点评 ●● ★

绅士被带到拘留所之后，他并没有丝毫烦恼，列车员盘问他，他都如实回答，眼看就要"山穷水尽"了，大家都为他捏了一把汗，不料最后突然来一句"我是开汽车来的"，开汽车来，当然就不用买票了，一句话，就峰回路转、柳暗花明了，绅士也成功地免于处罚，这位绅士着实机智。

07

张老头买围巾

对话场境 ·· ★

有一天，张老头花六元钱买了一条围巾，而邻居一位姑娘却只花了三元钱。于是张老头转身去找摆摊的小青年。

对话内容 ·· ★

张老头：喂：你刚才卖给姑娘才三元，而卖给我六元，你这是什么道理？

小青年：因为她是我亲戚，老头子，你知道吗？（张老头一听，又拿一条围巾就走，小青年紧追上来）你怎么不付钱就走？

张老头：因为咱们是亲戚，我是那姑娘的爸爸呀！

对话点评 ·· ★

张老头针对小青年的无理狡辩、强词夺理，他来了个无中生有，将自己和那个姑娘的关系说成父女关系，由此推论出自己和小青年也是亲戚关系。真是滑稽可笑。

08

婢女妙语一句免杀身之祸

对话场境 •• ★

　　袁世凯窃取了中华民国临时大总统的权力后，每天做着皇帝梦。有一次竟在白天进入梦中，一位婢女正好端来参汤，准备供袁世凯醒后进补，谁知不慎将玉碗打翻在地。婢女自知大祸临头，吓得脸色苍白、浑身打颤，因为这只玉碗是袁世凯在朝鲜王宫获得的"心头肉"，过去连太后老佛爷他也不愿用来孝敬的，现在化为碎片，这杀身之罪无论如何逃脱不了，正当她想自杀一死了之时，袁世凯醒了，他一看见玉碗打得粉碎，顿时勃然大怒。

对话内容 •• ★

　　袁世凯：（吼道）今天俺非要你的命不可！

　　婢女：（连忙哭诉）不是小人之过，有下情不敢上达。

　　袁世凯：快说，快说，看你编的什么鬼话！

　　婢女：小人端参汤进来，看见床上躺的不是大总统。

　　袁世凯：混账东西！床上不是俺，能是啥？

　　婢女：（下跪）我说。床上……床上……床上躺着的是一条五爪大金龙！

　　（袁世凯一听，怒气全消了，情不自禁地拿出一叠钞票为婢女压惊）

对话点评 •• ★

　　婢女在袁世凯醒后要杀她之时，没有直接求饶，因为她知道这样是没有用处的。婢女于是投其所好，你袁世凯不是想当皇帝吗？那我就说床上躺的是一条五爪大金龙，是龙吓得让我把玉碗打碎了，袁世凯一听，以为自己真是真龙转世，自然是喜不自禁。就这样婢女一句妙语不仅免了杀身之祸，还得到了袁世凯的奖赏。

09

磨石工替修道院院长答难题

对话场境 ·· ★

　　从前，有个国王召来修道院院长问他天地之间有多大距离，限他三个礼拜做出回答。修道院院长回到家，挖空心思想啊想啊，怎么也想不出答案来，忧心忡忡。一个磨石工知道此事后，答应替他去见国王。磨石工打扮成院长的模样，来到皇宫晋见国王。

对话内容 ·· ★

　　国王：我要你回答的问题你想出来没有？

　　磨石工：国王陛下，天地相距十二万九千八百七十二公里六米五分米四厘米三毫米。

　　国王：精确得实在惊人，你是怎么算出来的？数字确实可靠吗？

　　磨石工：请陛下去量一量，发现有半点差错，我甘愿受罚——砍我的脑袋。

　　（国王很赞赏他的回答）

对话点评 ·· ★

　　国王是不可能去测量天地之间的距离的。磨石工正是抓住了这一点，随便说了一个很精确的数字，由于无法去验证是真是假，也就只好承认他的答案是正确的，他的聪明回答还得到了国王的赞赏。

10

理想的园丁

对话场境 ·················· ★

　　一个美国女子到巴黎游览。有一天她正在这座美丽的城市中散步的时候，忽然看见有个老头儿在某所别墅花园里浇水，他那勤恳操劳的姿态，使这位美国人对他很有好感。她想，这人真是头等的园丁，在美国百里也难挑一，现在既然邂逅，为什么不带到美国去呢？于是，她就走到老头儿跟前，问他愿不愿意赴美国去做她的园丁，她可以给他很高的工资，还可以负担他的旅费。

对话内容 ·················· ★

　　老头儿：夫人，真是不巧得很，我还有另外一个职务在身，一时离不开巴黎。

　　女人：你统统辞掉吧，好在我会给你补偿的。你除了园丁，还兼营哪项副业？是养鸡吗？

　　老头儿：不是，我希望他们下次不要再选我，这样，我就可以接受你的美差事。

　　女人：选你做什么呀？

　　老头儿：选我做总统。

　　女人：你是？

老头儿：我就是总统。

（美国女人顿时目瞪口呆了）

对话点评 .... ★

　　这位美国女人可能怎么也想不到她要这个去当园丁的老头儿竟然是总统，这位总统也很是幽默，他没有开始就亮出自己的身份，也没有直接拒绝美国女人的好意，只说自己"还有一个职务在身，一时离不开身"，在女人的一再追问下，最后才亮出自己的尊贵的身份"我就是总统"，弄得美国女人目瞪口呆，惊奇得说不出话来。这个故事读起来，真是饶有趣味。

11

长工巧言反击地主

对话场境 .... ★

　　古时候，一个大雪的清晨，一个长工披着羊皮在老地主的院子里扫雪。地主起床后，邪性大发，想趁机挖苦长工。

对话内容 .... ★

　　地主：（大声地）嘿！穷小子，你身上怎么长出了兽皮？

　　长工：（笑答）你身上什么时候长出了一张人皮？

对话点评 .... ★

　　长工只置换了一个字，将"兽皮"换成"人皮"，就把老地主放出的恶语回敬了他自己，让他自讨没趣，自取其辱。

12

新郎在婚礼上的妙语

对话场境 ································· ★

在一对新人的婚礼上，宾客们纷纷向新郎打趣，问他问题。

对话内容 ································· ★

宾客：（指着新娘）这位是谁呀，也不介绍介绍？

新郎：（略思片刻）她是我丈母娘的大女儿，也是我妈妈的大儿媳妇。

（说得宾客们哄堂大笑）

对话点评 ································· ★

按常理，像这样的问题，回答是"她是妻子"，这位新郎可谓别出心裁，采用啰嗦的语言绕了个圈子，表意是一样的，却比平铺直叙效果好多了，使婚礼的气氛活跃起来了。

13

"现在很难说"

对话场境 ································· ★

清代有个县令，为人正直好客，来拜访他的人络绎不绝，有人很是羡慕。一天，他的同僚张某说起了这事。

对话内容 ·· ★

张某：来拜会你的人那么多，你到底有多少朋友？

县令：现在很难说，等我不当县令时就知道了。

对话点评 ·· ★

县令的一番话是相当有哲理的。患难才能见真情。在县令有权有势时，来拜访他的人络绎不绝，这些人可能在县令一旦失势之时，唯恐避之不及，能算得上朋友吗？只有那些在人患难、沉落之时，仍能一如既往地给予支持和鼓励的人才能算是朋友。县官对人际关系、朋友关系还是看得很透的。

14

聪明的首相妙拆骗术

对话场境 ·· ★

从前，世上有个骗子，自称是占星家，说他能够根据天上星辰，推算出人的命运如何，国王听说后，就把他召来了。

对话内容 ·· ★

国王：我还能活多久啊？

占星家：你还能活一年。

（国王愕然，吓出病来了）聪明的首相决心证明占星家的荒谬，拆穿他的骗术。于是占星家又被召进了宫中。

首相：你在世上还能活多久呀？

占星家:(朝天空看了好久,装出推算的样子,最后回答道)二十年。

首相:马上把他脑袋砍下来!

(占星家被砍了头。国王见此情景,病马上好了)

对话点评 ★

聪明的首相用"兑现斥谬法"来证明占星家说的是诡辩的把戏。当占星家胡说根据天上星辰推算出他能活二十年时,首相逼其兑现,下令把他的脑袋砍下来。这样一来,他的根据天上星辰推算出他活二十年的鬼话,也就不攻自破了。一个所谓的"占星家"连自己能活多久都推算不出来,怎么去推算别人,国王就是再愚蠢,也会明白这是怎么回事了,病也自然会好了。

15

糊涂县官和聪明农民

对话场境 ★

荒年,农民向官府报告灾情。县官于是在县衙上问起了灾情。

对话内容 ★

县官:今年麦子收成多少?

农民:只有三分收成。

县官:棉花收成多少?

农民:只有二分收成。

县官:那稻子收成多少?

农民:也只有二分收成。

县官:(生气道)这不就是七分收成,还要来谎报歉收的灾情吗?

农民:(又好笑又好气)我活了一百几十岁,实在没有见过今年这么严重的灾荒。

县官:(责问道)你怎么会有一百几十岁?

农民:我七十多岁,大儿子四十多岁,二儿子三十多岁,合起来不就一百几十岁吗?

(这么一说,引得哄堂大笑,县官顿时醒悟,也笑红了脸)

对话点评 ··· ★

农民相当机敏,面对糊涂县官的糊涂算法,没有直接揭穿他,而是运用以谬制谬的方法。既然县官你可以把歉收的成数累加起来算作收成,那么我为什么不能将我的年纪加上我两个儿子的年纪算作我的年纪呢?运用这种方法,一下子将县官的荒唐给暴露无遗了。同时也使县官醒悟了,达到了自己的目的。由此可见,以谬制谬的辩论术在舌战中是很有用的。

16

山西学生的巧辩

对话场境 ··· ★

太学生(旧时最高学府的学生)会聚在一起,常用自己家乡的人物、特产等相互攀比、驳难,以此玩乐。有一次,有好几名太学生聚到了一起,又开始玩这样的游戏,山东学生已经迫不及待地夸耀起来了。

对话内容 ··· ★

山东学生:我那儿有一山一水一秀才,可谓天下第一。

山西学生：什么山？

山东学生：泰山。

山西学生：我那儿的华山比泰山高多了，有诗为证："只有天在上，更无山与齐。"一水是哪一水？

山东学生：东海。

山西学生：李白写"黄河之水天上来，东流到海不复返"。可见，东海不过是我们黄河的下游罢了。那还有一秀才是谁？

山东学生：孔子。

山西学生：《论语》上说："文王我师也，周公岂欺我哉！"可见，孔子是我们周文王的徒弟。

（说完，大家哄然大笑）

对话点评 .... ★

山西学生在这次舌辩游戏中占尽了上风，三战报捷。为什么会如此呢？原因在于这个学生的知识功底相当扎实，在每一次辩论中都能够引经据典，或是李白的名诗，或是儒家的经典《论语》，而这种引用无疑增加了自己辩论的力量，令对方无法入手。可见，要想成为一个雄辩者，必须切实加强学习，使自己的知识储备丰富起来，这样才能无往不胜。

17

骗子的逻辑

对话场境 .... ★

有位老善人平日修桥补路，乐善好施。一日天下大雪，老善人看见

一个陌生人瑟瑟缩缩地在门前避雪，便把他领进家里，好酒好菜招待了三日。天放晴后，陌生人要告辞，并请老善人借一把刀给他。

对话内容 ●●● ★

老善人：你借刀干什么？

陌生人：你我素不相识，承蒙热情款待，我没什么可以报答的，只好杀掉自己来报答您的恩德。

老善人：你这样反而把我害了啊！

陌生人：为什么？

老善人：家里平白无故地死了一个人，零碎用的钱，还有吃官司的痛苦，这些统统不算，光埋葬费就得花白银十二两。

陌生人：好，您的情我领了，零碎开支就不用算了，只把埋葬费十二两算给我就行了。

（老善人很气愤，与这人吵起来。邻居赶过来劝架。好不容易说定减半，老善人只得拿出六两白银打发此人）

老善人：天底下还有这种没良心的！

陌生人：不说你没良心，反倒说我没良心！

老善人：我怎么没良心？

陌生人：哪有这么贵的旅店，住了三夜就要我六两白银。你的心也太黑了！

对话点评 ●●● ★

骗子采用的是偷换概念进行诡辩，把"报答"这一概念换成了"杀身以报"，因此接下来的事也就顺理成章了。骗子要自杀报答老善人，老善人就让他自杀（他当然是不会自杀的），这样就骗不到老善人了，但这样做，又不符合老善人善良的本性，真是难啊！可见，诡辩一旦被坏人掌握也是一件让人担心的事啊！

18

小白巧言解围

对话场境 ·· ★

小白发现农场上有一件上衣和他丢失的那件一模一样，便和朋友小蔡一起去察看，结果仔细一看并不是自己的。可他们还在翻看那件上衣时，衣服的主人已怒气冲冲地走过来了。

对话内容 ·· ★

农主：（吼道）你们要干什么？

小白：（依旧抚摸着那件上衣，微笑）噢，是这么回事。我们俩说你这件衣服挺漂亮，但不知是什么料子的。我说是粗毛呢，（指了指小蔡）他说是哔叽。我们就打赌来看看，看来还是我输了。

（小白装出一副无可奈何的样子松开了手，小蔡也顺杆往上爬，在旁敲边鼓）

小蔡：这次你输到底了吧？走吧，别给别人添麻烦了！

对话点评 ·· ★

小白如果开始就以实言相告，可能会引起一场不必要的争吵。因为当时衣服的主人正在气头上，如果直接说是怀疑他偷了自己的衣服，那无疑是火上浇油了。小白急中生智，不疾不徐地撒了一个善意的谎言再加上小蔡在旁边敲边鼓，使两人顺利地解了围，衣服的主人自然也无话可说。

19

巧媳妇智斗县官护家产

对话场境 .... ★

县官为了霸占王老汉的财产，故意给他出了一个难题，三日之内，要送三头怀胎的公牛。如果违抗了命令，财产就要充公，王老汉急得大哭。巧媳妇安慰老汉说她自有办法，王老汉便答应了县官的要求，三天后，县官果然来到了王老汉家。

对话内容 .... ★

县官：王老汉在家吗？

媳妇：在是在，就是不好出来。

县官：他是怕见我吧！

媳妇：哪里话，他在家生孩子。

县官：（怒道）混账，男人哪能生孩子？

媳妇：男人不能生孩子，那你怎么要公牛怀胎呢？

（县官哑口无言，灰溜溜地走了）

对话点评 .... ★

巧媳妇没有正面驳斥县官的荒唐言语，而是说自己的公公在生小孩，县官当然不信，自然会发问说男人不会生小孩儿。巧媳妇紧紧地抓住这一点，再加以驳斥，男人既不能生小孩儿，那么公牛怎能生牛犊。这一招以其人之道，还治其人之身，相当巧妙。

20

巧借"名言"化危机

一天下班后，青年工人张强骑自行车回家，无意识地骑到道路的左边，正好与一位迎面骑车而来的小伙子撞上了。还没等他扶好车子站起来，对方已经来找他理论了。

小伙子：（不满地）你怎么骑的？懂不懂交通规则？

张强：懂，懂一点。

小伙子：（恼火地）那你为什么不靠右走？

（张强自知理亏，惭愧得不知如何作答，忽然他想起韩复榘的一句名言。）

张强：如果所有的人都靠右走，那么左边的路不就全空了？

（小伙子听了，忍俊不禁笑了出来，一肚子火气也全消了，骑上车子走了）

张强骑车撞到了别人，一场危机好像不可避免，而张强急中生智想起的韩复榘的那句名言却用这种近乎故作蠢言式的幽默，起到了力挽狂澜的作用，令人在开怀而笑中，愉快地被折服了。

21

商人智讽文人

对话场境 ··· ★

有几个文人聚在一起高谈阔论，一位商人走过去想倾听一下他们的高论，但是却遭到了文人们的嘲笑。

对话内容 ··· ★

文人：（刻薄地）你来这儿干什么？这里可不是投机钻营的地方。

商人：（装傻地）啊，真对不起，我还以为这地方卖驴子呢。

对话点评 ··· ★

面对文人们的刻薄，商人先向他们表示对不起，然后却别出心裁地把文人们暗嘲为驴子，那么他们的高谈阔论当然是驴叫了，商人表面上是在言商，实际上却达到了报复的目的，可谓相当巧妙。

22

小王想岔了

对话场境 ··· ★

青年小王老喜欢在夜里听录音机，音量还开得很大，吵得邻居小李睡不着觉，有一天，小李终于忍不住了，来找小王。

对话内容 ·· ★

小李：把你的录音机借给我一夜好吗？

小王：（慷慨地）当然可以，你想欣赏什么音乐？

小李：不，我是想安安静静地睡一觉。

对话点评 ·· ★

按照常理，小李借录音机肯定是为了听音乐，可小李借录音机却是为让小王不听音乐，自己好安安静静地睡一夜，含蓄地批评了小王开录音机吵得他晚晚都不能安安静静地睡觉。

23

轿夫的客套话

对话场境 ·· ★

有一个轿夫不会说客套话，有一次他和另外几个轿夫把一位秀才抬上山后，便向他请教一二。

对话内容 ·· ★

轿夫：相公，"令尊"是什么意思？

秀才：（想捉弄他）这"令尊"二字是称呼人家儿子的。

（说罢偷偷地掩嘴而笑，轿夫信以为真就同秀才讲起客套话来）

轿夫：相公家里有几个"令尊"呢？

（秀才气得脸也发了白，但又不好发作）

秀才：我家里没有"令尊"。

（轿夫以为他真的没有儿子，很替难过，便恳切地安慰他。）

轿夫：相公没有"令尊"，千万不要伤心，我家里有四个儿子，挑一个去做"令尊"吧。

对话点评 ⭐

秀才故意曲解"令尊"，是想捉弄轿夫，不想轿夫"活学活用"，当时就拿来和秀才客套，造成了一连串的误会和笑话，本想捉弄轿夫的秀才，反倒被轿夫无意捉弄了。

24

诗人反击纨绔子弟

对话场境 ⭐

美国诗人乔治·英瑞的父亲是一个木匠。虽然当时的社会风气讲究出身和门第，但诗人从不隐讳此事，因而很受社会人士的尊敬。

一次，诗人在一沙龙中遇到了一名纨绔子弟，这纨绔子弟非常嫉妒诗人的成就和名声，于是便攻击诗人的出身以使诗人当众出丑。

对话内容 ⭐

纨绔子弟：对不起，请问阁下的父亲是木匠吗？

诗人：是的。

纨绔子弟：那他怎么没把你培养成木匠呢？

诗人：对不起，请问阁下的父亲是绅士吗？

纨绔子弟：（傲气十足）是的。

诗人：那他怎么没把你培养成绅士呢？

对话点评 •• ★

　　纨绔子弟讥讽诗人说诗人做木匠的父亲为什么没有把他培养成木匠，实在很尖刻，诗人在反驳中，首先问纨绔子弟的父亲是不是绅士，纨绔子弟当然会答是的。然后诗人再套用纨绔子弟的逻辑说做绅士的父亲为什么没有把你培养成一名绅士呢，实际上是讥讽他不是绅士，纨绔子弟受此反击，自然是自讨没趣，乖乖地走开了。

25

妙龄少女智答纠缠者

对话场境 •• ★

　　在一个周末舞会上，一位妙龄少女相貌出众，舞姿优美，受到许多男青年青睐，其中一个修养较差的青年对其纠缠不清，趁休息时与这位少女搭讪。

对话内容 •• ★

　　男青年：我在哪里见过你？你贵姓？

　　少女：与我爸爸同姓。

　　男青年：你爸姓什么？

　　少女：随我爷的姓。

　　男青年：你是做什么工作的？

　　少女：还不是干"四化"。

　　男青年：你家有几口人？

　　少女：跟我家的自行车一样多。

男青年：那你家有几辆自行车？

少女：每人一辆。

对话点评 ━━━━━━━━━━━━━━━━━━━━━━━━━━━━━━━━━━━━ ★

少女对男青年是有问必答，可是答语里面信息量是零，使男青年一无所获，自讨没趣，只好悻悻地走开。

26

船夫歪答干部

对话场境 ━━━━━━━━━━━━━━━━━━━━━━━━━━━━━━━━━━━━ ★

"文化大革命"期间，一个船夫傍晚行船，一个干部从桥上经过，见下面有船经过，疑有私货，就不客气地问起了话。

对话内容 ━━━━━━━━━━━━━━━━━━━━━━━━━━━━━━━━━━━━ ★

干部：下面走的是什么船？

船夫：木板船。

干部：干什么的？

船夫：行船的。

对话点评 ━━━━━━━━━━━━━━━━━━━━━━━━━━━━━━━━━━━━ ★

干部第一问什么船，是指船里载的货物是什么，而船夫则对以船的质地。在第二个中，是问他干什么去的，船夫则对以船上的人是干什么的，干部的问话，两次落空，没有得到任何自己想要的信息，肯定很尴尬。

27

穷人与富人的寒暄

对话场境 ·· ★

一个穷人和一个富人早上碰面了。

对话内容 ·· ★

穷人：早上好，先生，你今天出来得早啊！

富人：我出来散散步，看看是否有胃口对付早餐。你在干什么？

穷人：我出来转转，看看是否有早餐对付胃口。

对话点评 ·· ★

这位穷人很幽默，他通过将富人的那句"看看是否有胃口对付早餐"进行了语序颠倒，就成了"是否有早餐对付胃口"，强烈地讽刺了社会的贫富不均。

28

辜鸿铭倒看英文报纸

对话场境 ·· ★

一次，近代著名学者辜鸿铭先生正乘车坐在座位上，叠着脚欣赏窗外景色。半路上来了几个年轻的外国人，对辜鸿铭身穿长袍马褂，留着小辫的形象评头论足，很是不恭。辜先生不动声色地从怀里掏出一份英文报纸从容地看起来，那几个洋人伸长脖子一看，不禁笑得前仰后合。

对话内容 .... ★

洋人：看这个白痴，不懂英文，把报纸都拿反了！

辜鸿铭：(慢条斯理地用流利纯正的英语说道) 英文这玩意儿实在太简单了，不倒过来看，还真没意思。

（一言既出，几个洋人大惊失色，面面相觑，讪讪地离开了）

对话点评 .... ★

辜鸿铭先生这位学贯中西的大学者，在年轻洋人的取笑面前，没有拍案而起反而装出愚蠢的样子，将英文报纸倒过来看，显示出其过人的聪明才智而将对手折服。

29

和尚机智免祸

对话场境 .... ★

清朝乾隆年间，杭州南屏山净慈寺有个叫诋毁的和尚，此人聪明机灵，却心直口快，喜欢议论天下大事，且要讲便讲，想骂就骂。乾隆皇帝对此人早有耳闻，为了找借口惩治诋毁和尚，便化装成秀才来到净慈寺。

乾隆随后在地上捡起一块劈开的毛竹片，指着青的一面向诋毁和尚相问。

对话内容 ●●● ★

乾隆：老师父，这个叫什么呀？

（按一般的称呼无疑应叫"篾青"，诋毁和尚正要答话，蓦然，从乾隆的言谈举止中意识到了什么，脑子中马上闪出"篾青"的谐音不就是"灭清"吗，于是，眼珠一转，换出了一种答法。）

诋毁和尚：这是竹皮。

（乾隆很不甘心，随着将竹皮翻过来，指着白的一面问诋毁和尚。）

乾隆：老师父，这又是什么呢？

（诋毁和尚心想，若回答"篾黄"不妥，因为"篾黄"与"灭皇"同音，于是他这样作答）

诋毁和尚：我们管他叫竹肉。

（乾隆这一招又失败了）

对话点评 ●● ★

诋毁和尚采用不常用的"竹皮"、"竹肉"等词语来代替常用的"篾青"、"篾黄"等犯忌触讳的词语，使乾隆皇帝无计可施，无话可说，如果当初诋毁和尚真的用了"篾青"、篾黄"来作答，这无疑会给存心找茬的乾隆皇帝以借口，和尚就要有一场无妄之灾了。

30

查理如是回答刨根问底的人

对话场境 ●● ★

有个叫查理的人正在挖洞穴，一个叫布朗的人走了过来。

布朗：查理，你干吗要挖洞呀？

查理：种苹果。

布朗：种苹果干吗？

查理：吃呗！

布朗：为啥要吃苹果？

查理：为了得到力气。

布朗：得到力气有啥用？

查理：挖洞。

对话点评 ★

在布朗与查理的这段对话中，由"挖洞"这一语句开始，经过一系列的问答之后，结果又回到了"挖洞"这一语句，构成了一个循环，如果布朗还要坚持问下去，自然又只是再来一个循环。因此，用这种循环闪避的方法来应付那些爱刨根问底者，且不失为一种好方法。

31

商人智讨货物

对话场境 ★

有一个商人，因外出经商，有一天将一百磅重的铁寄存在邻人家中。他回来后，就去搬他的铁，不料铁却不见了。

对话内容 ★

商人：我的铁呢？

邻人：你的铁？没有了！一只老鼠把它吃光了。

（商人听到了这种怪事感到很惊奇，可又无可奈何。过了些日子，他把那背信的邻人的孩子偷偷藏起来了，邻居没了孩子非常难过，于是来问问商人）

邻人：你知道我的孩子哪儿去了吗？

商人：我昨天看到一只猫头鹰把他衔着飞跑了。

邻人：这怎么可能？我儿子那么大，猫头鹰那么小。

商人：在一百磅重的铁都可以被一只老鼠单独吃光的地方，发生了猫头鹰抓走一个孩子的事情，难道你觉得奇怪吗？

（邻人明白了商人"无中生有"的用意，只好把铁还给了商人，商人也把他的儿子还给了他）

对话点评 ●●●●●●●●●●●●●●●●●●●●●●●●●●●●●●●●●●●●●●● ★

面对邻人的欺骗，商人以其人之道，还治其人之身，把邻人的孩子藏起来，并对他说是猫头鹰叼走了，邻人当然不信。仔细思考之后，当然知道商人的用意，也明白了自己的错误。

这是建立在思维机智之上的口才表达技巧。

32

上帝托梦

对话场境 ●●●●●●●●●●●●●●●●●●●●●●●●●●●●●●●●●●●●●●● ★

一位牧师听说一位年老的教徒虔诚地信仰上帝，就想出了一个主意，要占老头儿的便宜。

一天早晨，他赶着自己的大车，来到了老头儿的小屋前。

对话内容 ★

牧师：昨天夜里，上帝在梦中告诉我要我来这儿拉一车玉米。

老头儿：（手持长枪、走出门来）你说得对。可是上帝又改变了主意，今日黎明时分，他在梦中告诉我，不要让你拉走我的玉米。

对话点评 ★

对于牧师的鬼话，老头儿当然不会相信，他想既然牧师你以虚幻的梦话来骗我老头儿，那么我也以虚幻的梦话来与你对抗，牧师没有占到便宜，老头儿有效地护住了自己的财产，老头儿的回答体现了以虚制虚的辩论术。

33

托马斯大爷指桑骂槐

对话场境 ★

有一个叫杰克的人，总想愚弄别人，一天，托马斯大爷骑着毛驴路过他家门口，杰克正在吃面包，他的坏劲儿又上来了。

对话内容 ★

杰克：喂，吃块面包吧！

托马斯：（连忙从驴上跳下来）谢谢你的好意，我已经吃过早饭了。

杰克：（故作正经）我没问你，我问的是毛驴。

（说完，他得意地笑了，托马斯大爷以礼相待，却反遭一顿侮辱，他非常气愤，决定要好好教训对方一番。）

托马斯：（偏转过身子，照准毛驴脸上，"啪、啪"就是两巴掌）出门时，我问你城里有没有朋友，你斩钉截铁地说没有，没有朋友为什么人家会请你吃面包呢？（"啪、啪"对准驴屁股，又是两鞭子）看你以后还敢不敢胡说！

（说完，翻身上驴，扬长而去。）

对话点评 ●● ★

一个想侮辱别人的人，最后受到侮辱的一定是他自己。杰克借驴来侮辱托马斯大爷，托马斯大爷来了个如法炮制，指着驴子而骂，实际上是骂杰克的无礼。杰克现在是有苦说不出了。托马斯大爷打在驴脸上骂的那段话，一定使杰克比打在自己身上还难受吧！

名人趣

01

赵本山智答观众

对话场境 ·· ★

在一个小型联欢会上，观众席上有一位女士问了一个令赵本山左右为难的问题。

对话内容 ·· ★

女士：听说你在全国笑星中出场费最高，一场一万多元，是吗？

赵本山：这个问题很突然。请问你是哪个单位的？

女士：我是青岛一个电器经销公司的。

赵本山：你们都经营什么产品？

（他撇开问题不答，却来问这些闲话，观众一时不明所以）

女士：有录像机、电视机、录音机等等。

赵本山：那彩电多少钱一台？

女士：三千多元。

赵本山：那给你三百你卖吗？

女士：（干脆地）那当然不能卖，一种商品的价格是由它的价值决定的。

赵本山：那就对了，演员的价值是由观众决定的。

（观众对他的回答报以热烈的掌声）

对于出场费到底有多少的问题，笑星并没有从正面做出明确答复，却做出了令观众满意的回答。原因就在于笑星最后的那句话化解了观众的好奇心，使出场费的具体数目问题倒显得无足轻重了。而笑星先前的那些话看似废话，实际上也是很重要的。如果没有前面的话，而直接说出最后那句话，就会显得很突兀。

02

阿凡提缺什么要什么

对话场境 .... ★

有一次国王想取笑贫穷的阿凡提，出了这样一个问题。

对话内容 .... ★

国王：要是你面前一边是金钱，一边是正义，你选择哪一样呢？

阿凡提：我愿意选择金钱。

国王：（冷笑一下）金钱有什么稀奇，正义才是最宝贵的。我可不像你一样整天想着金钱。

阿凡提：谁缺什么就想得到什么，你想要得到的正是你最缺少的呀！

对话点评 .... ★

国王听阿凡提说想要金钱，自以为得计，不料后面听阿凡提一说顿时傻了眼，阿凡提根据一般的缺什么要什么的原则，说我阿凡提缺钱但有正义，而你国王有钱却缺少正义。这当然让以正义自诩的国王出了洋相，悔恨不已。

03

安徒生的破帽子

对话场境 ·· ★

丹麦著名的童话作家安徒生一生俭朴，常常戴顶破旧的帽子在街上游逛。有个家伙（某甲）看到安徒生常常戴顶破帽子，就嘲笑他。

对话内容 ·· ★

某甲：你脑袋上边的破旧玩意儿是个什么东西，能算顶帽子吗？

安徒生：你帽子下边的玩意儿是个什么东西，能算个脑袋吗？

对话点评 ·· ★

面对某甲的嘲笑，安徒生如法炮制，而实际上是嘲笑他的愚蠢无知，这一招以其人之道，还治其人之身，不让那个家伙无地自容才怪。

04

我也是文盲

对话场境 ·· ★

有一次，世界著名的科学家阿尔伯特·爱因斯坦正在乘火车旅行。吃饭的时候他去了餐车。

他手中拿着菜单，突然意识到自己把眼镜忘在车厢里了，他耸了耸肩，不愿回去，尽力辨认菜单上那些难以辨认的字母。然而，他的努力是徒劳的。于是他请身旁的侍者帮忙。

对话内容 ★

爱因斯坦：请您替我读一下这份菜单好不好？

侍者：（低声咕哝）先生，非常抱歉，我也是文盲。

对话点评 ★

侍者如果说"我是文盲"就已经表示自己无法帮爱因斯坦这个忙。然而正是加了个"也"字，侍者将爱因斯坦也认为是文盲了，一个举世闻名的科学家被侍者认为是文盲，则正是这则故事的滑稽有趣之处。

05

外交官的措词

对话场境 ★

一次，德国政治家俾斯麦在圣彼得堡参加舞会，他频频赞美身边的舞伴，说她美若天仙。

对话内容 ★

舞伴：外交官的话从来不可信。

俾斯麦：为什么？

舞伴：很简单，当外交官说"是"的时候，意思是"可能"，说"可能"时，意思是"不行"，嘴上若真的说"不行"，那他就不是外交官了。

俾斯麦：美人，您说得完全正确，这可能是我们职业上的特点，我们不能不这样做，但你们女人正相反。

舞伴：为什么？

俾斯麦：很简单，当女人说"不行"时，意思其实是"可能"，女人说"可能"时，意思是"是"，嘴上若真的说"是"，她就不是女人了。

对话点评 ⭐

这位女士很聪明，她分析了外交官的用语，很符合外交官职业的特点，令人叹服，俾斯麦则更是厉害，他仿照女士的说法，反用外交辞令来揭示女性表态的言语特征是入木三分。两相比照，确实有趣。

06

吴仪针锋相对痛斥美国代表

对话场境 ⭐

1991年底，中国外经贸部副部长吴仪率团飞往太平洋彼岸，参加中美知识产权谈判，美国人仗着财大气粗，开场白就很不客气。

对话内容 ⭐

美国代表：我们是在和小偷谈判。

吴仪：我们是在和强盗谈判，请看你们博物馆里的展品，有多少是从中国抢来的。

对话点评 ⭐

不可一世的美国人开始就出言不逊，大骂中国人是小偷，在这个时候，针锋相对是最好的解决办法。有胆有识的吴副部长立刻义正辞严地回击美国人，骂他们是强盗，打击他们的嚣张气焰。

07

刘备借雷声掩饰失态

对话场境 ●●● ★

有一次，曹操与刘备在一起饮酒，纵论天下英雄。

对话内容 ●●● ★

曹操：（突然，用手指着自己与刘备）当今天下英雄，只有刘使君与我两人罢了。

（刘备听了大吃一惊，手中拿着的汤匙和筷子不觉掉在地上。正好这时天降大雨雷声大作）

刘备：（从容地捡起匙箸）雷震的威力竟然如此的厉害。

曹操：（笑道）大丈夫也害怕雷声吗？

刘备：圣人听到迅疾的雷声、剧烈的风声尚且变色，我哪能不害怕呢？

（刘备就这样将闻言失态的缘故，轻轻地掩饰过去了。）

对话点评 ●●● ★

刘备故意韬光养晦，不意曹操指他为英雄，吓得手中匙箸跌落，陷入困境，然而刘备急中生智，利用眼前出现的天气变化，从容地说出了一句"雷震的威力竟然如此的厉害"，自然地将话题由论英雄转到畏不畏雷的谈论上，转移了曹操的注意力，终于得以脱险。

08

加里宁的讲解术

对话场境 ·································· ★

　　加里宁是俄国布尔什维克的一位杰出的宣传鼓动家，一次，他向某地农民代表讲解工农联盟的重要性。尽管他作了详尽的、严谨的论证，但听众始终茫然不得要领，有一个农民代表还问了这样的一个问题。

对话内容 ·································· ★

　　农民代表：什么对苏维埃政权来说更珍贵？是工人还是农民？

　　加里宁：那么对一个人来说，什么更珍贵？是右脚还是左脚？

　　（全场爆发热烈的掌声，农民代表们都笑了）

对话点评 ·································· ★

　　加里宁给农民代表讲那些抽象的大道理，农民代表们没听懂，不得要领。而后来加里宁运用一个通俗易懂的比喻，他们一下子都明白了。加里宁运用比喻使深奥、抽象的理论变得通俗易懂了，因此取得了很好的效果。

09

失败与成就

对话场境 ··· ★

正当爱迪生致力于发明白炽灯泡的时候，有一家大公司的老板见他失败了许多次，便取笑他。

对话内容 ··· ★

老板：你已经失败 1200 次了，该停止这种徒劳的游戏了。

爱迪生：不！我的成就是发现了 1200 种材料不适合做灯丝。

对话点评 ··· ★

爱迪生找合适的材料做灯丝失败了 1200 次，爱迪生却并不认为是失败，而是"发现了 1200 种材料不适合做灯丝"。这是他继续前进的阶梯，爱迪生也正是凭这样一种锲而不舍的精神，找到了合适的灯丝，发明了白炽灯。

10

伊索办宴席

对话场境 ··· ★

著名的古希腊寓言家伊索，年轻时给贵族当过奴隶。有一次，他的主人设宴请客，客人都是当时希腊的哲学家，主人命令伊索备办酒肴，要做最好的菜招待客人，于是伊索专门收集各种动物的舌头，准备了一席"舌头宴"，开席时，主人大吃一惊。

对话内容 ·······························★

主人：这是怎么回事？

伊索：您吩咐我为这些尊贵的客人办最好的菜，舌头是引领各种学问的关键，对于哲学家来说，"舌头宴"难道不是最好的菜吗？

（客人们都被伊索说得频频点头，哈哈大笑起来）

主人：那我明天要再办一次宴席，菜要最坏的。

（第二天开席上菜时，依然全都是舌头。主人一见此状，便大发雷霆）

伊索：（镇定地）难道一切坏事不是从口而出的吗？舌头既是最好的也是最坏的东西啊！

（主人被弄得无言以对）

对话点评 ·······························★

从一个方面去考察，舌头是"引领各种学问的关键"，对于哲学家来说是最好的，当我们从另一个方面去探讨时，"一切坏事不是从口里出来的吗"，舌头它又是最坏的，舌头是好与坏的统一体。伊索正是把握了"舌头"这一事物的矛盾属性进行辩论，因而征服了对方，并给了众人以深刻的理性思考。

11

莫洛托夫模糊语言答记者

对话场境 ·· ★

在美国首先施放了两颗原子弹后，世界各国都把目光转移到了原子弹上。美国新闻界一个突出的话题是猜测苏联有没有原子弹以及有多少颗。当苏联外长莫洛托夫率代表团访问美国时，刚一走下飞机，就被一群美国记者所包围了。

对话内容 ·· ★

记者：苏联有多少原子弹？

莫洛托夫：（略一沉思）足够！

对话点评 ·· ★

对于像有多少原子弹这样的问题，如果回答稍有不慎，很可能造成外交上的被动，因此不少政治家的回答可能是"无可奉告"之类，而莫洛托夫用"足够"这一模糊语言进行回答，既巧妙地回避了不便公开的国防机密，又显示了苏联人民的自尊和力量，真是言简意赅，也反映了莫洛托夫作为一位杰出外交家的风度和智慧。

12

狄更斯钓鱼

★

有一次，英国作家狄更斯正在钓鱼，一个陌生人走了过来。

★

陌生人：怎么，你在钓鱼？

狄更斯：是啊！今天真倒霉，钓了半天一条也没钓到；可昨天也是这个地方，却钓到十五条哩。

陌生人：是吗？你昨天钓很多啊！你知道我是谁吗？我是这个地方的管理员，这段江上是禁止钓鱼的！

（说完，他拿出罚款单，要给狄更斯开票罚款。狄更斯一看情形不对，马上反问他）

狄更斯：那么，你知道我是谁吗？我是作家狄更斯，你不能罚我款，因为虚构故事是我的职业。

（陌生人没有办法，只好让狄更斯走了）

★

碰到管理员，是个不幸的意外，面对意外，狄更斯机巧出言，管理者无法驳倒他只好走了，狄更斯靠自己的机智成功地逃脱了罚款。

13

孔子因材施教

有一天，孔子的学生路问孔子："闻斯行诸？"意思是不是听到了马上要见之于行动，孔子是这样回答他的。

孔子：有父亲、哥哥在，怎么不向他们请示就贸然行动呢？

（过了几天，孔子的另一个学生冉有也问孔子同样的问题，孔子又给出了另一个答案）

孔子：听到了当然要马上行动！

（孔子的另一个学生公西华都听到了，对同一问题，老师作了截然相反的回答，公西华带着疑惑去询问孔子）

公西华：先生，子路问您听到了就行动吗，你回答说要征求父兄的意见，冉有问听到了就行动吗，您回答听到了就马上行动。您的回答前后不一致，我弄不明白。

孔子：冉有办事很犹豫，所以，我鼓励他办事果断一些，叫他看准了就马上去办，而子路好勇过人，性子急躁，所以我得约束他一下，叫他凡事三思而行，征求父兄的意见。

（公西华听了孔子的回答，茅塞顿开）

孔子对一个相同的问题作出了两种截然不同的回答，不但是公西华，

我们也迷惑了，听孔子一解释，才知道他原来是针对子路、冉有不同的气质和特点，给予不同的劝导和教育，好让他们克服自己的缺点。也就是我们现在常说的因材施教，现在这种方法已被教育者广泛应用，但是春秋时代的孔子就能够这样做，不愧为我国古代的大教育家。

14

贺龙制服骄横的英国官员

对话场境 .... ★

1925 年，贺龙的部下在湖南津市没收一批英国商人偷运的军火和鸦片。为此，英国驻华大使馆的官员由省政府官员陪同，前来找贺龙交涉。

对话内容 .... ★

英国官员：（傲慢地）敝国商人在贵地津市经商，财物被你手下的人抢劫一空，请你处置。

贺龙：（不紧不慢地）那就请你写一张丢失货物的清单吧。

（英国官员以为贺龙真的要追还被没收的走私商品，就一件一件写了进来。此时，走来一个军人报告贺龙，英国人的货里有不少是枪支、弹药和鸦片）

贺龙：请你把枪支、弹药和鸦片都写上吧！

（英国官员照办了，还签了名。贺龙接过清单，脸色一沉）

贺龙：我正在追查私运这批军火倒卖毒品的罪犯，想不到你们送上门来了，你们违反了中国的法令，我要向国际法庭控告你们！

（英国官员张口结舌，狼狈不堪）

贺龙在这里就成功地运用了后发制人术，先要英国官员写货物清单，英国官员还以为是贺龙真的要追回走私物品，自然喜不自禁，不料最后贺龙拿着单子说他们违反了中国的法令，要向国际法庭控告他们，弄得他们狼狈不堪，贺龙在这里略施小计，三言两语就制服了骄横的英国官员。

15

吕端大事不糊涂

宋太宗赵光义准备立吕端为宰相，许多人都劝谏道："吕端这个人太糊涂。"宋太宗却力排众议，吕端终于被任命为宰相。

他当上宰相后不久，西夏将领李继迁率军侵扰西部边城，宋军捉到了李继迁的母亲，上报朝廷。有人劝宋太宗处死她，宋太宗表示同意。吕端认为这样做不妥，便入宫晋见宋太宗。

吕端：从前，项羽捕获了刘邦的父亲，要烹杀他，汉高祖说："希望也分给我一勺汤。"凡是干大事业的人，从来不顾及自己的双亲，何况李继迁这样的亡命之徒！难道今天将他母亲杀掉，明天就能将他活捉吗？如果不能活捉他，只能加深他的怨恨，坚定他叛逆的决心而已。

宋太宗：那该怎么办？

吕端：以臣愚见，不如将她安置在延州，并派人对她好生服侍。这样，他母亲的生命时时把握在我方手中，即使李继迁不来投降，也将时时牵系和困扰他的心思。

宋太宗:(连声赞好)这些不成器的臣子,险些误了我的大事!

(宋太宗依吕端之计行事,后来李继任的母亲病死,李继迁也相继死去,李继迁的儿子主动向宋朝进贡称臣)

对话点评 .... ★

宋太宗的其他臣子主要从感性出发,想杀李继迁之母泄愤,而没有顾及后果,难怪太宗要责怪他们"这些不成器的臣子,险些误了我的大事",而吕端却从理性的角度来帮助皇上分析形势,认为杀李继迁之母有"坚其叛逆之心"之害而无"收服"之益,分析的时候还借用了"项羽烹太公"的典故,形象生动,鞭辟入里,从这件事,我们可以看出吕端并不是一个糊涂官,只是不太计较小事罢了,也可以看出宋太宗的知人之明。

16

艺术家的习惯

对话场境 .... ★

19 世纪意大利著名歌剧作曲家罗西尼,对自己的创作,非常严肃认真,非常注意独创性,对那些模仿、抄袭行为深恶痛绝。

有一次,一位作曲家演奏自己的新作,特意叫罗西尼去听他的演奏。罗西尼坐在前排,兴致勃勃地听着,开始听得蛮入神,继而有点不安,再而脸上出现不快的神色。

演奏按其章节继续演下去,罗西尼边听边不时地把帽子脱下又戴上,过了一会儿,又把帽子脱下,又戴上,这样,脱下戴上,戴上又脱下,接连好几次，那位作曲家也注意到了罗西尼的这个奇怪的动作。

对话内容 ·································· ★

作曲家：这里的演出条件不好，是不是太热了？

罗西尼：不，我有一见熟人就脱帽的习惯，在阁下的曲子里，我碰到那么多熟人，不得不频频脱帽了。

对话点评 ·································· ★

像罗西尼这样的大作曲家，一听那个作曲家的弹奏就知道他抄袭了别人的作品，但他不明说，而是用"碰到熟人太多"这种话中有话，意在言外的方式来表达，这就产生了一种诙谐的效果。同时，一般的人被邀去听演奏会，即使认为不好，也会违心地恭维几句，可罗西尼不，这也反映了他对艺术人生的严肃认真。

17

金声不识洪承畴

对话场境 ·································· ★

顺治二年，清军南下，南京失陷。然而原明朝庶吉士金声不肯屈服，在其家乡安徽休宁起兵抗清。后兵败被擒，押至南京。满清大员洪承畴欣然迎见。洪承畴原是明朝蓟辽总督，在松杏之战中，兵败被俘，不久，洪承畴投降清廷，为大清效命。金声见是洪承畴，有心揶揄他。

对话内容 ·································· ★

金声：你认识我吗？

洪承畴：（脱口而出）你是金正希（正希是金声的字），有哪一个不认

识你啊！难道你不认识我吗？

（金声装出一脸惘然的样子）

金声：我好像不认识你。

洪承畴：我是洪承畴呀！

金声：（脸色一沉，手指洪承畴怒斥道）胡说！洪承畴是大明进士，身受神宗、庄烈皇帝浩荡大恩，一直被授予重任，可惜前几年在松杏之役中，已为国殉难了。先帝听说后震惊哀痛不已，为之辍朝，立即设祭致哀，对他的两个小孩子都给予荫封，还为他立庙望祭，春秋二季不时祭祀。可见，洪承畴是我大明的忠贞之臣啊！如今你是何方小子，如此胆大妄为，竟敢假冒他的大名？

（金声一席话说得洪承畴默然无语，事后，他曾讪讪地对人说道："这个人年纪大了，但火性倒还没有消退，我是不能再见他了。"后来，清廷百般诱降，全无效果，金声终于被杀害了）

对话点评 •• ★

金声明明认识洪承畴却假装不认识他，将他大大揶揄讽刺了一番，弄得洪承畴只恨没有地洞可钻，真是痛快之极。金声虽然被杀害了，可他的气节受到后人的景仰，而洪承畴在新朝中日子过得不错，可是遭受了千万人的唾骂，到后来还被编入为身事二君者鉴的《贰臣传》，真是千秋历史，自有公论啊！

18

徐文长巧治知府

徐文长，外号徐麻子，相传他不畏权势，聪明绝顶。有一次，他看见知府的小儿子抢了别的小孩的毽子，把人家弄哭了，就把那毽子从小公子手里夺过来，归还给了那个小孩。不料，知府的小公子平时娇生惯养，一下子就大哭大闹起来，还说徐文长欺负他。于是，家丁就把徐文长押上堂去见知府。

知府：（厉声喝道）你欺侮我的公子，就是目无本知府，你可知罪？

徐文长：（冷笑）据我看，您大人倒才不知罪呢！

知府：（大声喝道）我有什么不知罪？！

徐文长：你这公子一早在踢毽子，大人谅必知道这毽子上有羽毛，下有铜钱。铜钱上印的是嘉靖皇帝年号。小公子如今竟然手提毫毛，脚踢万岁，岂不是欺君罔上？常言道："子不肖，父之过。"大人又该当何罪！

知府：（赔笑）好吧好吧，大家谁也不要为难谁吧！

（说完，亲自送徐文长出衙门）

徐文长针对县官"欺侮我的公子，就是目无本知府"的借题发挥，沉着冷静且搬出另外一顶更大的帽子：你的公子脚踢铜钱，就是脚踢万岁，这种"大罪"是知府无论如何都吃不消的。因为在封建社会，欺君是要杀头的，知府出了一身冷汗之后，只好赔笑将徐文长送走。徐文长凭这一番话，不仅使自己脱罪，还整治了知府。我们可见其思维的敏捷与语言的犀利了。

19

毛泽东巧释姓

对话场境 ....★

1945 年重庆谈判期间，重庆文艺界的部分名流邀请毛泽东做了一个演讲。演讲结束后，有很多人向毛泽东提问。

对话内容 ....★

甲：假如谈判失败，国共两党全面开战。毛先生有没有信心战胜蒋先生？

毛：国共两党的矛盾是代表两种不同利益的矛盾，至于我和蒋先生嘛蒋先生的"蒋"字是将军的将字头上加上一棵草，他不过是一个草头将军而已。

乙：（不怀好意地）那么毛……

毛：（不假思索）我的毛字可不是毛手毛脚的"毛"，而是一个"反手"。意思是说，代表大多数中国人民根本利益的共产党，要战胜代表少数人利益的国民党，易如反掌。

对话点评 ....★

甲要问的显然是问共产党可不可以战胜国民党，如果毛泽东正面去回答，说可以显得很狂妄，当然也不能说不可以，于是反话题转移到姓上面来，故意对蒋字进行曲解，显示毛泽东对蒋介石的轻蔑，然后再在解释自己的姓时，巧妙地用"反手"一词引申为对付国民党易如反掌，又巧妙回答前面的人提出的问题，显示了毛泽东严谨而又幽默、风趣的性格，特别是对自己姓的解释，虽然显得很随意，却收到很好的宣传效果。

20

萧伯纳妙言化尴尬

对话场境 ································· ★

萧伯纳，爱尔兰最杰出的批判现实主义作家，一生著作甚丰。他的剧本对资本主义社会进行了深刻的揭露和有力的批判。因而无论在当时还是后世，都引起了强烈的震撼与反响。

1894年，他的新作《武器与人》问世了，首次公演就获得了巨大成功。在暴风雨般的掌声里，萧伯纳终场时应邀上台同观众见面。岂料他刚走上讲台，就有一个人大唱反调。

对话内容 ································· ★

某人：（力竭声嘶地）萧伯纳，你的剧本糟透了，谁要看！收回去，停演吧！

萧伯纳：（笑容满面地鞠了一躬，温文尔雅，彬彬有礼地）我的朋友，你说得好，我完全同意你的意见，（指着广大观众）但遗憾的是，我们两个人反对这么多观众有什么用呢？我们能禁止这剧本演出吗？

（全场哄笑，又响起了暴风雨般的掌声）

对话点评 ·· ★

萧伯纳刚走上舞台就有人唱反调，面对这一突变，他欲扬先抑，接着话锋陡转，一连反诘，从反面提出问题，更加有力地肯定了正面的意思，充分地嘲笑那个反对派的荒谬和无能，同时也使气氛更加热烈。

21

巴斯德住旅馆

对话场境 ·· ★

一次，法国化学家巴斯德去巴黎参加学术会议。旅馆服务员见他衣着普通，所带行李简朴，就对他非常冷淡，把他安排在一个偏僻肮脏又潮湿的小房间里。后来服务员得知他就是鼎鼎有名的化学家巴斯德教授时，赶紧跑过来满脸堆笑地道歉。

对话内容 ·· ★

服务员：我以为旅客的阔绰和他携带的行李是成正比的，所以把您老认错了，实在对不起。

巴斯德：不！我认为：一个人阔绰和他的无知是成正比的。

对话点评 ·· ★

巴斯德在这里运用了反唇相讥法。接过服务员话头，反戈一击，鞭挞了以衣帽取人的不良风气，既维护了自己尊严又教育了对方。这比直接批评服务员效果好多了。

22

赫胥黎反击恶意诋毁

对话场境 ★

达尔文提出生物进化论后，赫胥黎竭力予以支持和宣传，因此被教会讥讽为"达尔文的斗犬"。在一次辩论会上，宗教头目见到赫胥黎步入会场，便开始诋毁他。

对话内容 ★

宗教头目：当心，这只狗又来了！

赫胥黎：（轻蔑地）是啊，盗贼最害怕嗅觉灵敏的猎犬。

对话点评 ★

赫胥黎面对宗教头目的侮辱，作了有力的反击。他的话意思是你说我是猎犬，那么你就是盗贼。要不然你为什么怕猎犬。赫胥黎就这样化被动为主动了。赫胥黎有如此口才，难怪那些宗教头目怕他去宣传生物进化论了。

23

华盛顿机巧索马

有一天，华盛顿家丢了一匹马，有人告诉他是一位邻人牵走了，于是便同一名警官到邻人家去讨索。但邻人拒绝归还，并声称那是他自家的马。在这关键时刻，华盛顿走上前去，用双手蒙住马眼。

对话内容

华盛顿：如果这马是你的，请告诉我，马的哪只眼睛是瞎的？

邻居：右眼。

（华盛顿放开右手，很明显马的右眼并不瞎）

邻居：（急忙狡辩）我说错了，马的左眼才是瞎的。

（华盛顿放开左手，马的左眼也不瞎）

警官：（非常严肃地）这样，已经证明马不是你的，你必须把马还给华盛顿先生。

对话点评

华盛顿在讨马过程中的问题问得相当有技巧，他问马的哪只眼睛是瞎的，由于马并不属于邻居，邻居不可能知道到底哪只是瞎的，只能乱猜。落入了华盛顿问题的圈套里，不知道马根本没瞎，华盛顿这一招收到了出奇制胜的效果。

24

谢甫琴柯不向沙皇鞠躬

对话场境 •• ★

谢甫琴柯是 19 世纪乌克兰的诗人，他反对沙皇统治，具有强烈的反抗精神。有一次沙皇召见他，在宫殿，所有的人都对沙皇躬身施礼，只有谢甫琴柯昂首直立，直视沙皇。沙皇非常生气。

对话内容 •• ★

沙皇：你为什么不鞠躬低头？

谢甫琴柯：不是我要见你，而是你要见我，如果我也像周围的其他人那样低头弯腰，你怎么能看得见我呢？

（沙皇听后，无言以对）

对话点评 •• ★

沙皇召见谢甫琴柯，谢甫琴柯不鞠躬，沙皇也拿他没辙，为什么会这样呢？主要是诗人谢甫琴柯将"召见"一词巧妙地加以理解，理解为沙皇要见我，不是我谢甫琴柯要见他，他要看得见我，我当然不需鞠躬喽。我们从这里可以看出谢甫琴柯不但有强烈的反抗精神，也有超凡的智慧。

25

卡耐基说服经理不加租金

对话场境 ··· ★

卡耐基是美国著名学者、演说家、教育家。他每一季度都要租用纽约某家大旅馆的大礼堂，讲授 20 个晚上的社交课程。

有一次，卡耐基接到这家旅馆的通知，要他付比原来多一倍的租金。因为开课在即，学员的入场券已经发出去了，要更改讲课日期和地点，已经不可能。因此，卡耐基决定亲自出面与这家旅馆的经理交涉。

对话内容 ··· ★

卡耐基：我接到你们的通知时，有点震惊。不过，这不怪你。假如我处在你的地位，或许也会作出同样的决定。作为这家旅馆的经理，你的责任是让你的旅馆尽可能多地盈利。你不这么做的话，你的经理职位就难以保住，也不应该能保住。对吗？

经理：是的。

卡耐基：假如你坚持要增加租金，那么让我们来合计一下，这样对你有利还是不利。先讲有利的一面：大礼堂不租给我们讲课，而出租给别人举办舞会、晚会，那么你就可以多获利。因为举行这一类活动的时间不会太长，他们能一次付出很高的租金，比我出的租金当然要高很多。租给我，显然你会觉得吃亏了。现在，我们再来分析一下不利的一面。首先，你增加我的租金，从长远看，却是降低了收入，因为你实际上等于把我撵跑了。我付不起你所要的租金，势必再找别的地方开设训练班。还有一件对你不利的事，这个训练班将吸引上千名受过教育的中上层管理人员到你的旅馆来听课，对你来说，这难道不是起到了不花钱的活广告的作用吗？事实上，假如你花 5000 元钱在报纸上登广告，也不可能邀请这么多人到你的旅馆来参观，可我的训练课却给你邀请来了，这难道不合算吗？

经理：的确如此。不过……

卡耐基：请仔细考虑后再答复我，好吗？

（结果，经理最终同意不加租金）

对话点评 ·································· ★

卡耐基在同经理交涉时，并没有因为旅馆敲竹杠式的突然提高租金而大发雷霆，而是采取了一种不同一般的谈话方式，他变换了一个角度，不是站在自己的立场上为自己争辩，而是站在对方立场上为对方说话，所叙之言，不仅不为自己的利益争理，反而句句为对方的利益设身处地着想。这样就大大排除了对立情绪，使交谈在心平气和的前提下进行。接下来，卡耐基仍站在对方立场上分别分析了有利的一面和不利的一面，两相比较，如果给卡耐基加租金，对旅馆来说实际上是弊大于利。最后经理终于同意了不加租金，卡耐基的目的也就达到了。

工作圈

01

营业员一语点醒女士

对话场境 ★

有一次，有位女士怒气冲冲地走进食品商店，向营业员兴师问罪。

对话内容 ★

女士：我叫我儿子在你们这儿称的果酱，为什么缺斤少两？

营业员：（礼貌地）请你回去称称孩子，看他是否长重了。

女士：（恍然大悟，心平气和而又高兴地）噢，对不起，误会了！

对话点评 ★

营业员认准了自己不会称错，便只剩下一种可能，即是小孩把果酱偷吃了，但如果明说是"你儿子偷吃了，倒来找我麻烦"，这不但平息不了顾客的怒气，反而可能引起一场争吵，因此营业员用委婉幽默的语气巧妙地指出女士忽视了的问题，点醒了女士，这样既维护了商店的信誉，又避免了一场无谓的争吵。

02

病人回敬护士小姐

对话场境 ······················· ★

一个病人进入医院，由于很穷，就想让护士把他安排在三等病房。护士却有些不情愿。

对话内容 ······················· ★

护士：没有人帮助你吗？

病人：没有，我只有一个姐姐，她是修女，也很穷。

护士：修女富得很，因为她和上帝结婚。

病人：好吧，你把我安排在一等病房吧。以后把账单寄给我姐夫就行了。

对话点评 ······················· ★

护士的服务态度很恶劣，病人没有直接反驳，而是巧妙地顺着护士的逻辑推下去，既然我姐和上帝结婚，那位上帝就是我姐夫，把我安排在一等病房，把账单寄给我姐夫就行了。在这种突然的驳斥下，这位护士只有理屈词穷的份儿了。

03

士兵战胜将军的竞选

对话场境 .... ★

在美国内战之后，内战中的一位战士约翰·爱伦与内战中的英雄陶克竞选国会议员。那次，他们在一起发表了竞选演说：

对话内容 .... ★

陶克：诸位同胞，记得就在 17 年前的昨天的晚上，我曾带兵在茶座山与敌人激战，经过激烈的战斗后，我在山上的丛林里睡了一个晚上。如果大家没有忘记那次艰苦绝卓的战斗，请在选择中也不要忘记那吃尽苦头、风餐露宿而屡建战功的人。

（此语一落，果然唤起选民对他的崇敬和信任，场上响起一片掌声与欢呼声）

爱伦：同胞们，陶克将军说得不错，他确实在那次战争中立了奇功。我当时是他手下的一名小卒，替他出生入死，冲锋陷阵，这还不算，当他在丛林中安睡时，我还携带武器，站在荒野上，饱尝着寒风冷露的滋味儿，来保护他。

（话音一落，场上响起更加热烈的掌声，并且爱伦最终战胜了陶克，成为国会议员）

对话点评 .... ★

士兵爱伦的讲话是相当有水平的。首先他肯定了陶克将军伟大的功勋，给选民留下了好的印象。接着他顺着陶克对战争形势的回忆，特别强调在山上露宿这一点着意使选民意识到：一将功成万骨枯。将军的成功含有士兵的功劳，将军虽然辛苦，毕竟还可以休息，而爱伦却在为他站岗，这样一强调使他更具亲和力，因为选民绝大多数都是普通人。普通人往往会对像爱伦这样出生入死而无功名可论的普通战士寄予更多的同情。爱伦深谙此道，并且很好地利用了这点。

04

强将手下无弱兵

对话场境 ★

一位雇员受老板之托，去洽谈一项业务。回来后马上向老板去讲述。

对话内容 ★

雇员：老板，生意做成了，那帮家伙一下子就给我征服了……我……，我……

（老板对他一句一个我地自吹自擂，有些不高兴）

老板：（略带讽刺）你可真能干呀！

（雇员一看老板脸色不对，知道过了火）

雇员：那还用说，强将手下无弱兵嘛，全凭您的栽培。

（老板不禁顿生喜色）

对话点评 ★

作为老板最讨厌和受不了的是下属居功自傲，一口一个我地自吹自擂。这个雇员就犯了这一忌，但他毕竟还是识时务、聪明的，一见风向不对，马上转舵，将功劳全部归功于老板，使老板转变了对自己的看法，因

为他知道一般人都是喜欢别人往自己脸上贴金，喜欢听好话的，这一招在这儿果然奏效了。

05

经理治服赖账女郎

对话场境 ····································· ★

一位穿着华贵的女郎在一家高级餐厅吃完饭后，对餐厅经理说她钱包忘记带来了。

对话内容 ····································· ★

经理：（平静地）没关系，赊账好了。我信得过你，但是为了防备遗忘，请你将你的姓名和欠款记在黑板上。

女郎：那样谁都可以看见我的名字了，多丢人。

经理：不必担心，你的皮大衣可以把黑板遮住的。

（女郎无奈，只好乖乖地付钱离开）

对话点评 ····································· ★

面对女郎的赖账，经理说信得过她。实际上是缓兵之计。经理说赊账可以，但是必须留下姓名和欠款的数目，抓住女郎爱面子的心理要将其华贵的大衣覆在名字上，实际上是要把它抵押在餐馆，在赊账这条路上不停地设置障碍，最终将其折服。

06

长工妙言讽地主

对话场境 ·································· ★

从前，有个地主非常苛刻小气，长工们为他累死累活，饭菜却没有一点油水，而他自己却顿顿大鱼大肉。有一天，他从集市上买了一条鱼回来，长工们都看了看。

对话内容 ·································· ★

地主：(粗声大气地)看你们这副馋相！有福气的才能吃鱼，谁叫你们没这"福分"。

正好跑来一只狗，一口把他手里的鱼给叼走了，地主追不上，气得跺脚直骂。

长工：(哈哈大笑)老爷别骂了，它和你一样有福气呀！

对话点评 ·································· ★

地主不给长工改善生活，还提出什么"福气"论，而长工们针对狗衔走鱼一事，借题发挥说狗的福气和地主的一样好，实际上就是把地主比喻成狗。既间接地讽刺了地主，又显得很幽默。

07

顾客含蓄斥责老板

对话场境 · ★

　　有一名顾客去酒馆喝酒，要了两杯啤酒，但是都只有半杯酒，顾客决定嘲讽嘲讽他。

对话内容 · ★

　　顾客：你们这儿一星期能卖掉多少桶酒？

　　老板：35桶。

　　顾客：那么，我倒想出了一个能使你每星期卖掉70桶的办法。

　　老板：（既高兴又惊讶）什么办法？

　　顾客：这很简单，你只要将每个杯子里的啤酒装满就行。

对话点评 · ★

　　顾客在与酒馆老板的谈话中，始终处于主导地位，先是询问，继而抛出诱饵，最后达到目标。用讥讽语调含蓄斥责了酒馆老板缺斤少两的行径。

08

售票员智讽绅士

对话场境 ··· ★

在英国，一个大型机场售票厅里，许多游客正排队购票。忽然，一位穿得笔挺的绅士粗暴地指责售票员工作效率太低，耽误了他宝贵的时间。

对话内容 ··· ★

绅士：（威胁地）你们知道我是谁吗？

售票员：（对别的旅客）你们有谁能帮这位先生回忆一下吗？他已经忘了自己是谁了！

（乘客们哄然大笑，绅士则羞得满脸通红）

对话点评 ··· ★

售票员面对绅士威胁式的话语，没有和他争吵，而是幽默地请其他乘客来共同品评，这样达到了打击绅士的目的，可见在即兴谈话中争取同盟是很重要的。

09

年轻妇女推销书籍的技巧

对话场境 ·································· ★

　　有一个年轻的妇女挨家挨户推销大英百科全书，创下相当惊人的业绩。一天，一个同行向他请教推销技巧。

对话内容 ·································· ★

　　同行：你是怎么做的呢？

　　年轻妇女：（眼睛里闪着亮光）很简单，我利用夫妇两人都在家时去拜访。首先对男主人陈述来意，进行推销；末了我总要对男主人说不必马上决定，可以等我下次再来。这时在旁边的女主人一般都会表现积极的态度。

对话点评 ·································· ★

　　这位妇女与其说是在谈推销，还不如说在调侃推销。我们知道，对于推销者，一般顾客是冷漠相待的，甚至还要给予常人想象不到的轻蔑和侮辱。但如果每一位推销商都有这位妇女开朗洒脱的心境，又何愁产品销售不畅呢？

10

失去冠军之后

美国有一位传奇式的教练，名叫佩迈尔。他带领的篮球队曾获得39次国内比赛冠军，一年他的球队在蝉联29次冠军后，遭到空前惨败。比赛一结束，记者蜂拥而至，把他围个水泄不通。

记者：您的球队遭到空前的惨败，请问你有何感想？

佩迈尔：（微笑着）好极了，现在我们可以轻装上阵，全力以赴地争夺冠军，背上再也没有冠军的包袱了。

佩迈尔面对空前的失败，没有灰心，将哀声化为笑声，这是很令人钦羡的人生境界，且佩迈尔能将笑声化为继续前进的动力，念念不忘重新夺回冠军重新站起来，也表明了佩迈尔不屈不挠的坚强意志。

11

幽默顾客巧言化尴尬

对话场境 ·································· ★

一位顾客到饭店去吃饭，米饭中沙子很多，他把它们吐出来，一一放在桌上。服务员见此情很不安。

对话内容 ·································· ★

服务员：（抱歉地）尽是沙子吗？

顾客：（摇头微笑）不，也有米饭。

对话点评 ·································· ★

这位顾客先生用一句幽默的话，既纠正了服务员说话过歉的真实本身，同时也化解了此时的尴尬气氛。这位顾客面对这样的事不但没有责备服务员，还反过来去化解她的尴尬不安，有这等宽阔的胸襟，真是令人叹服。

12

营业员生意有术

对话场境 ·································· ★

一个外国游客背着满满的两个提袋进到一家书画店。营业员马上热情地迎上去。

对话内容 •• ★

营业员：先生，来我国旅游的吧？累了吧？来，我帮您放下提袋，好好休息休息！

（外国游客在营业员的帮助下放下了提袋，营业员注意到他的两个提袋里装满了中国民间工艺品）

营业员：先生，您可真有艺术眼光，您一定对中国民间艺术很有研究吧？

外国游客：（很高兴）我最喜欢中国的艺术品了，我每次来中国都买一批。现在我家的客厅里，中国的工艺品已经琳琅满目啦！

营业员：（指着一条幅）先生，这条幅好吗？

（客人快步走到条幅前，仔细品评，时而略有所思，时而眉飞色舞）

营业员：上边一个"艺"字，把您苦心追求的艺术的精神境界和您所悉心收藏的艺术珍品一览无余了。它完全可以标明您客厅里收藏品的主题。

外国游客：（眼睛一亮）多少钱？我买啦。

对话点评 •• ★

营业员见到外国游客进来之后，没有马上问他要什么，而是热情地问候，这样拉近了双方的心理距离，同时营业员敏锐地捕捉到了外国客人喜好中国工艺品，她肯定了外国客人的艺术追求，说他对中国工艺品深有研究，外国客人当然高兴得不得了，然后适时地向外国客人推介自己的商品，当他的参谋，说自己的商品怎么好，终于激起了外国游客的购买欲望，顺利地成交了。

13

摄影师委婉批评少妇

　　某市一家照相馆为了招徕顾客，在门口贴出广告：如本人对我店拍摄的照片不满意，可以重拍，不取分文。这天，一位浓妆艳抹的少妇对所拍照片大为不满，摄影师二话没说，为她重拍一张，不料取照时她又有意见。

　　摄影师：如果您能指出这张照片有什么缺点，我再给您重拍。

　　少妇：这张照片拍得不美。

　　摄影师：同志，美了就不像您了……

　　少妇：你们广告上不是说对照片不满意可以重拍吗？

　　摄影师：第一次我们以为您真是对照片不满意，所以给您重拍了，现在才知道您不是对照片不满意，而是对自己不满意啊！

　　这位少妇连拍两次都感到不满意，无非是认为摄影师技术不好，把自己丑化了，而摄影师则含蓄地告诉少妇，不是自己的技术问题，而是少妇长得本来就不美。摄影师的话有道理，如果少妇自己没有认识到这个问题，坚持要摄影师再拍，就是拍一千张，少妇也还是不会满意的。

14

老师带头造句

···························· ★

一个老师指导五年级学生用"……那么……"造句。老师讲清词义、用法，分析例句，启发思维后，学生仍造不出句子。课堂上出现颇为尴尬的局面。

···························· ★

老师：（略带善意嘲讽的微笑）咦，同学们今天怎么了？这么简单的词，使用率极高的词，怎么会造不出句子来？好，下面老师带个头，我能一口气造出十个不同的句子来，你们信吗？

学生们：（纷纷地）老师您造，您造！

老师：（仍旧笑着）好，我有个条件，我造完句后，你们再造句时可不准写我造过的句子。

学生们：（有些学生担心地面面相觑，有些学生还是大着胆子说）行，老师，您造句，我们给您数着！

老师：（故意咳嗽一声）好，我开始造句了——第一句……

（老师每造完一句，故意停顿三四秒钟。教室里静极了，当老师造完第五个句子时，有些同学憋不住了）

学生们：老师，您别造了，要不我们可没句子造了！

老师：是吗？那，我就不造了，你们会用这个词语造句子吗？

同学生：（异口同声）会。

（于是，全班同学兴致勃勃地开始造句，造了不少好句子）

对话点评 ··★

这位老师首先进行正确引导，讲清词义、用法，分析例句，启发思维之后，发现效果并不理想，后来他（她）运用反面激将法，"同学们今天怎么了，这么简单的词都造不出句子"，然后带头造句示范，造一句故意停顿几秒，激发了学生的信心和自尊心，取得了良好的效果。

15

丑角演员反讽傲慢观众

对话场境 ···★

有一个丑角演员有一次在观摩演出，幕间休息时，一个傲慢的观众走到他的面前。

对话内容 ···★

观众：丑角先生，观众对你非常欢迎吧？

丑角演员：还好。

观众：作为马戏班的丑角，是不是只要生来有一张愚蠢而又丑怪的脸蛋，就会受到观众欢迎呢？

丑角演员：确定如此。如果我能生一张像先生您那样的脸蛋儿的话，我准能拿双薪！

对话点评 ···★

这位傲慢的观众认为丑角演员受欢迎只要生来有一张愚蠢而又丑怪的脸就可以了，实际上是对丑角演员的侮辱，丑角演员首先表示确实如此，好像是屈服了，不过后面来一句"我要能生一张像先生您那样的脸蛋，我准能拿双薪"反讽了观众，暗示观众比自己丑得多，这样一来，傲慢的观众要闹个"大花脸"了。

16

梁晓声反难记者

对话场境 ……………………………………………… ★

一次，英国一家电视台采访中国作家梁晓声。记者是一个老练、机智的英国人。在进行一些交谈后，他突然提了一个很刁钻的问题。

对话内容 ……………………………………………… ★

记者：没有"文化大革命"，可能也不会产生你们这一代青年作家，那么"文化大革命"在你看来是好是坏？

梁晓声：（略一思考，立即反问）没有第二次世界大战，就没有以反映第二次世界大战而著名的作家，那么您认为第二次世界大战是好是坏？

（英国记者不由一怔，摄影机立即停止了拍摄）

对话点评 ……………………………………………… ★

英国记者问梁晓声的那个问题，确实相当棘手。说"文化大革命"好吧，与实际不符；说它不好吧，又与记者的题设"没有'文化大革命'，可能也不会产生你们这一代青年作家"相违背，就像一个死结，梁晓声没有解这个"结"，他稍一改动之后，又将问题回给了记者。让记者自己解自己结的死结，真是相当的巧妙。

17

"这是你们的杰作"

对话场境 ·································· ★

第二次世界大战期间，德军占领了巴黎。有一次，著名绘画大师毕加索将他揭露法西斯狂轰滥炸暴行的杰作《格尔尼卡》的复制品发给来参观的每一个德国官兵。一个德国秘密警察头目这样问毕加索。

对话内容 ·································· ★

秘密警察：这是你的作品吗？

毕加索：（愤懑地）不！这是你们的杰作！

对话点评 ·································· ★

毕加索有意地把艺术作品和它所反映的对象混淆起来，使"杰作"这个词从肯定意义转化为否定意义，巧妙地表达对法西斯主义的不满。

18

税务员老张的征税高招

对话场境 ·································· ★

某市个体伍老板经营服装业，近来生意兴隆，越做越大，营业额不断扩大，税务机关就要他补交税款，但他拒不承认营业额的扩大，税务征收员多次上门，都被他搪塞过去。

这一天，另外一位税务征收员老张找到他，两人交锋一段时间后，老张便换了一副姿态，以关心的口气与之交谈。

对话内容 ·· ★

老张：有笔大生意，你做不做？

伍某：生意人，哪有不做的！啥款式？有多少？

老张：上次那种西装，两百套。

伍某：我正想吃进一批西装来换季。开价呢？

老张：每套200元。如果全要，可打九折。唉，可惜你没肚量。

伍某：笑话？我就要全吃！

老张：你全吃？我提醒你呐：老规矩，货款必须在两个月内付清啊！

伍某：小看人！两个月，我还卖不出来吗？

老张：这可不是个小数目哪！

伍某：算个屁！今年以来，我哪个月不卖它两万？

老张：那么，你先把这12个月漏的税补了再说吧！

伍某：你？……天哪！

（伍某只得乖乖地补交了税款）

对话点评 ·· ★

老张跟他讲大道理没有行通，于是老张变换了话题，利用税务部门为市场营销牵线搭桥的合法身份和正常的职责，以伍某非常感兴趣的西装生意为切入点，在此过程中还运用了激将法笑他没肚量吃进那么多，果然在一激之下，让伍某自己承认了自己营业额的扩大，老张在这个时候再乘胜追击，让他补交税款，这样伍某只好乖乖地补交税款了。

19

画家画六指天使

有一位画家，给教堂画壁画，别出心裁地把小天使画成六个指头。牧师见了非常愤怒。

对话内容 ·· ★

牧师：你什么时候见过六个指头的小天使？

画家：没见过，但是，您见过五个指头的天使吗？

（牧师被问住了）

对话点评 ·· ★

天使本来就是一个"虚"的东西，自然是谁都不知道到底有几个指头，画家正是抓住了这一点，反驳对方既然你没见过五个指头的天使，那我为什么不能把它天使的手指头画成六个呢，反而问倒了对方。

20

职员被外调以后

对话场境 ……………………………………………………………………… ★

　　某公司的职员被外调至分公司服务。决定人事调动的经理怕他心里难受，想安慰安慰他。

对话内容 ……………………………………………………………………… ★

　　经理：喂！你也用不着太气馁，不久以后，我们还是会把你调回总公司来的！

　　职员：哪里，我才不会气馁呢？我只不过觉得像个董事长退休的心情而已，哈！哈……

对话点评 ……………………………………………………………………… ★

　　人生在世，不如意之事十之八九。总会遇到各种烦恼和挫折，关键看我们以什么态度来面对它，这位职员被外调之后，能够如此泰然达观地面对，是一个精神上的富有者，是一个能做精神上深呼吸的人。

21

顾客驳斥老板的诡辩

对话场境 ★

餐馆里一位顾客叫住了老板。

对话内容 ★

顾客：老板，这盘牛肉简直没法吃！

老板：这关我什么事？你应该到公牛那里去抱怨。

顾客：是呀，所以我才叫住了你。

对话点评 ★

顾客并没有直接反驳老板的荒谬逻辑，而是顺着他的逻辑，推出老板是"公牛"让对方无以回答。

22

老汉买钉子

对话场境 ★

20世纪70年代，国家物资普遍供应紧张，在农村买钉子都很困难，常要走"后门"才能买到。

有位老汉盖房，急需几斤钉子，于是他来到镇上的国营商店。

对话内容 ⋯⋯⋯⋯⋯⋯⋯⋯⋯⋯⋯⋯⋯⋯⋯⋯⋯⋯⋯⋯⋯⋯⋯⋯⋯ ★

老汉：同志，我买十斤钉子。

营业员：没有了。

老汉：没有十斤，我就买五斤吧。

营业员：也没有。

老汉：那两斤。

营业员：还是没有。

老汉：（苦苦哀求）同志，你无论如何得卖给我一枚。

营业员：（诧异地）你这个人真怪，买一枚干什么用？

老汉：用它把你们的后门钉住。

（营业员听了，一笑之后，出于愧心，反而真的卖给老汉五斤钉子。）

对话点评 ⋯⋯⋯⋯⋯⋯⋯⋯⋯⋯⋯⋯⋯⋯⋯⋯⋯⋯⋯⋯⋯⋯⋯⋯⋯ ★

老汉要买一枚钉子干什么用呢，难怪营业员迷惑了。经老汉一解释，才豁然开朗了，去钉他们的"后门"是不能办到的，但是却充分显示了老汉的机智与幽默，也恰恰是他的机智与幽默帮了他的忙，如愿以偿地买到了钉子。

23

葛优巧答记者

对话场境 ⋯⋯⋯⋯⋯⋯⋯⋯⋯⋯⋯⋯⋯⋯⋯⋯⋯⋯⋯⋯⋯⋯⋯⋯ ★

在一次招待会上，有一个记者问了葛优这样一个问题。

对话内容 ··· ★

记者：能不能评价一下和你合作过的导演？

葛优：这个特别不好谈，容易得罪人。如果你换个方式问"哪个导演你觉得最好"那我就说张艺谋，因为他让我得了戛纳奖。

对话点评 ··· ★

葛优并没有对张艺谋与其他导演的水平孰优孰劣妄加评价，而是表明张艺谋对自己有恩，他的这一回答既表达对张艺谋的感激之情，又没有得罪其他导演，应该说葛优的回答十分精彩。

24

基辛格的保密技巧

对话场境 ··· ★

1972 年 5 月 27 日凌晨一点，美苏关于限制战略核武器的四个协定刚刚签署，基辛格就在莫斯科一家大宾馆里向随行的美国记者团介绍情况，回答记者的问题。

对话内容 ··· ★

记者：苏联一年能生产多少战略性导弹？

基辛格：苏联生产导弹的速度是每年大约 250 枚。

记者：那我们的情况呢？我们有多少潜艇导弹在配置分导式多弹头？有多少远程导弹在配置分导式多弹头？

基辛格：我不确切知道正在配置分导式多弹头的远程导弹有多少，至于潜艇，我的苦处是数目我是知道，但我不知道是不是保密的。

记者：不是保密的。

基辛格：不是保密的，那你说是多少呢？

（记者们都傻了。只好嘿嘿一笑了之）

对话点评 ·· ★

记者问到美国战略性部署情况，基辛格当然知道这是国家机密不可泄露，然而，基辛格自称不知道是不是保密的，记者当然说不是保密的，基辛格接过对方话头，既然不是保密的，那你说有多少，巧妙地将记者拒之于门外，记者们只好一笑了之了。

25

医生反问病人

对话场境 ·· ★

一位叫杰克的病人去向医生进行咨询。

对话内容 ·· ★

杰克：我能活到九十岁吗？

（医生检查了一下约翰的身体）

医生：你今年多大啦？

杰克：四十岁。

医生：你有什么嗜好？比如说，喜欢饮酒、吸烟、赌钱、女人或者其他的嗜好？

杰克：我最恨吸烟、喝酒，更讨厌女人。

医生：天啊，那你要活到九十岁干什么？

按照我们的思维定势，杰克没有什么不良嗜好，一定会得到医生的肯定评价，而事实恰好相反，医生把烟酒女人当成了生命存在的目的，他反问杰克不喜欢这些东西活那么久干吗？人们期待的肯定陡然被医生所否定，不平衡产生了，幽默也就随之而生了。

26

相面先生自认倒霉

在一个寒冷的冬天，一个年轻人见到一个瑟瑟发抖的相面先生，便上去与他搭讪。

年轻人：在这寒冷的冬天，我有酒有肉给你吃，实惠不实惠呢？

相面先生：（满脸堆笑）那好极了。

年轻人：那你给我先看看相吧！

相面先生：看你眉清目秀，额高嘴阔，气度不凡，将来必大富大贵。如此之相，相钱两元。

年轻人：多谢先生美言，我走了。

相面先生：不付钱怎么就走了？

年轻人：我刚才不是请你喝过酒，吃过肉吗？

相面先生：（气急败坏地嚷道）你这小子，嘴皮讲讲，就能当真？

年轻人：你不也只是单凭嘴巴说话吗？

对话点评

年轻人在寒冷的冬天以酒肉来诱惑相面先生，既让相面先生为他美言了几句，又在后面相面先生向他要钱时，打了一个伏笔，你为什么还找我要钱，我不是已经给了你酒肉吃了吗；年轻人拿出了这张空头支票，相面先生又说口头说说，不算，年轻人反诘他是骗人的，他的话也算不得数，既然他的话算不上数，那么我年轻人的"空头支票"当然用不着兑现。年轻人尽管是狡辩，可是却让人感觉无从反驳，相面先生亦只好自认倒霉了。

27

护士的安慰

对话场境

有一个病人不愿接受手术，从手术室跑出来了。医院负责人过来了解情况。

对话内容

负责人：你能告诉我，你为什么要从手术室跑出来呢？

病人：（不安地）那位护士说："勇敢点，阑尾手术很简单！"

负责人：（笑了）难道这句话说得不对吗？她在安慰你呀。

病人：啊，不，这句话是对那个准备给我动手术的大夫说的！

对话点评

按照我们的思维定势，护士的话肯定是安慰病人叫他不要紧张。然而这个故事却打破了这种思维定势，给人们一个出乎意料的结局。结局相当幽默，原来护士的话是对医生说的，而这种幽默通过病人一语惊人地说出来了。

28

审讯员揭穿嫌疑人的谎言

对话场境 ·· ★

一天晚上 8 点 30 分，某市发生了一起凶杀案，警方对一名嫌疑人进行了审讯。

对话内容 ·· ★

审讯员：那天晚上 8 点 30 分你干什么去了？

嫌疑人：那天晚上 7 点从家里出来去看电影，7 点 15 分到达电影院。影片很长，10 点 30 分才完，这段时间从未离开电影院，11 点到家里后睡了。

审讯员：那天晚上我和我妻子也去了这家电影院，当电影放到有人向女主角开枪时，片子突然断了。坐在第一排的一个秃子从座位上站起来拼命喊叫。就在那时放映灯的灯亮了，我坐在他后排，当场看清了他，这个洋相出得真有意思……

嫌疑人：果然是这样，我也看见了。

审讯员：你这是撒谎，赶快交待你的罪行！

对话点评 ·· ★

审讯员在审讯过程中编造了一个有声有色的秃子出洋相的故事，嫌疑人无法识别其真假，丧失了戒心，自投了罗网。

29

教徒的忧虑

对话场境 •• ★

有一天，一位教徒来到教堂，神甫面见了他。他向神甫请教了一个问题。

对话内容 •• ★

教徒：神甫大人，我是信教的，但不知上帝能给我什么帮助？

神甫：（平静地）上帝是万能的，他能给你所需要的一切，只要你祈祷。

教徒：（忧虑地）我的邻居也是信教的，如果我祈祷上帝下雨，他却同时祈祷天晴，那么上帝会作出怎样的决定呢？

神甫：……

对话点评 •• ★

这位教徒根据神甫"只要祈祷，上帝能给你所需要一切"的观点，推出了一个自相矛盾的命题"这里既下雨同时又不下雨"。这就一针见血地击中了对方的要害，显示了神甫观点的荒谬，他当然只能是无言以对了。

友谊城

01

布里昂问倒拿破仑

对话场境 ······························ ★

拿破仑有个秘书叫布里昂，有一次，拿破仑不无得意地对布里昂说了这样一句话。

对话内容 ······························ ★

拿破仑：布里昂，你也将永垂不朽了。

（布里昂迷惑不解，拿破仑提示他）

拿破仑：你不是我的秘书吗？

布里昂：（微微一笑，从容不迫地反驳）那么请问亚历山大的秘书是谁？

拿破仑：（答不上来，喝彩道）问得好！

对话点评 ······························ ★

拿破仑认为布里昂能借他的名声而扬名后世，布里昂对这一观点进行反驳时，并没有直接向论题发动攻击，而是问拿破仑亚历山大的秘书是谁，拿破仑却答不上来，这一回答过程中包含了这样一个推理：既然亚历山大的秘书你拿破仑都不知道是谁，那么后人怎么会记住拿破仑的秘书是谁呢？这一委婉而含蓄的反驳很有力量，使拿破仑发出了由衷的喝彩"问得好！"

02

林肯挫败卡特赖特

对话场境 •• ★

1843 年，亚伯拉罕·林肯作为伊利诺伊州共和党的候选人，与民主党的彼德·卡特赖特竞选该州在国会的众议员席位。

卡特赖特是个有名的牧师，他利用自己的有利地位，大肆攻击林肯不承认耶稣，搞得满城风雨，林肯在选民中的威信骤降。

林肯胸有成竹。有一次林肯获悉卡特赖特又要在教堂作布道演讲了，就按时走进教堂，虔诚地坐在显眼的位置上，有意让这位牧师看到。卡特赖特认为好机会到了，大可让林肯出丑了。

对话内容 •• ★

卡特赖特：（突然地）所有不愿下地狱的人站起来吧！

（当然，教徒们霍然站立，唯有林肯坐在位置上一动不动）

卡特赖特：这个唯一例外的大名鼎鼎的林肯先生，你到底要到哪里去！

林肯：我要到国会去。

（在场的人热烈地鼓起了掌，使卡特赖特狼狈不堪）

对话点评 •• ★

当卡特赖特企图用刁难来使林肯出丑时，林肯接过"你到底要到哪里去"的话题，坦率而昂然地宣布"我要到国会去"，观点相当鲜明，立场坚定，使在场的人热烈地鼓起掌来，他的威信也提高了。卡特赖特选举中的攻击，非但没有伤及林肯一丝一毫，反而帮了对方一个大忙，自己也是狼狈不堪。

03

勃列日涅夫征求尼克松意见

对话场境

1972 年，美国总统尼克松访问苏联。一次，在苏联机场上飞机准备起飞时，突然一个引擎发动不起来。此时在场的勃列日涅夫是又急又恼。

对话内容

勃列日涅夫：(指着苏联民航部长问尼克松) 我应该怎样处分他?

尼克松：提升他，因为在地面发生故障总要比在空中发生好。

对话点评

勃列日涅夫征求尼克松的意见，一是可以表明自己不偏私，二则可将飞机故障的难堪变成总统个人的难堪。尼克松也很机智，他建议提升那个民航部长，这样既显得饶有风趣，又显示了自己的宽容大度。

04

克里斯蒂笑答朋友

对话场境

著名的英国侦探小说家克里斯蒂的前夫死后，再婚的丈夫是个考古学家。文艺界的朋友们觉得不可思议。

对话内容 •• ★

朋友：考古学家哪里可爱？

克里斯蒂：什么叫爱与不爱？我认为对于女子来说，考古学家是最为可爱的丈夫，因为妻子越老他越喜欢，世界上只有考古不是喜新厌旧的。

对话点评 •• ★

这位女作家将丈夫的职业特点用在爱情之中，说妻子越老他越喜欢，以此来反驳朋友的"考古学家哪里可爱"的观点，真是既贴切，又生动。

泰戈尔如诗的语言

对话场境 •• ★

泰戈尔是近代印度人民心目中的"圣哲"，1924年4月首次访问中国，由徐志摩先生担任翻译。有一次在清华大学演讲之后，徐志摩等人与泰戈尔私下攀谈。

对话内容 •• ★

徐志摩：你这样永远受创作冲动的支配，究竟是苦还是乐？

泰戈尔：（笑了笑）你去问那夜莺，它呕尽心血还要唱，究竟是苦还是乐？你去问问那深山的瀑布，它终年把洁白的身体向深谷里摔个粉碎，究竟是苦还是乐？……

对话点评 •• ★

泰戈尔不愧为大诗人，脱口而出的语言似吟似颂，似赋似诗。他将自

己的创作冲动比拟为夜莺不倦的鸣唱，长流的瀑布，这种语言比平铺直叙地说"我不苦"不知道要妙多少倍了。恐怕我们的大诗人徐志摩听到他的回答之后，也要自叹弗如了。

06

两学生关于教师能否兼职的辩论

对话场境 .... ★

在一段时间里，不少教师从事第二职业，对此，人们反应强烈，有两个学生就此展开了论辩。

对话内容 .... ★

学生甲：我认为教师经商从事第二职业是值得提倡的好现象。因为经商最能体现竞争意识，在学校中引入竞争体制，教师在这种优胜劣汰的竞争中，主动地接受社会的新信息，学习经商中的新知识，更新头脑中的旧观念，丰富了自己，增强了竞争意识和竞争力，同时也充实、活化了教学内容，这既有利于教学改革，又有利于学生开阔视野，把知识学活，是一举两得的大好事！

学生乙：对于教师经商从事第二职业，我不赞成。教师经商，必然占用教学的精力和时间，这样一心两用，必将导致教学质量的下降，教师经商，会对学生产生一定影响，在学生中会产生"拜金主义"观点，使"读书无用论"抬头，使义务教育受到阻碍；教师经商，引起师资队伍整体水平下降，导致学生基础知识薄弱，难以在尖端科学知识，使建设人才后继乏人。所以我认为教师经商从事第二职业是提倡不得的。

　　教师经商从事第二职业对学校教育实际上是有利也有弊的。甲、乙两名学生各执一词进行论辩，形成了尖锐的对立，看这种情形，谁也说服不了谁。但双方论辩语言的运用均很经典，我们可以好好揣摩借鉴。

07

李可及歪解经典

　　我国唐代有一个名伶李可及，滑稽谐趣，是个歪解经典的高手。有一次他登台演出，自称是"三教论衡"。许多人听到他这么说，都纷纷向他提问题。

　　某甲：你既然通博三教，佛教的如来是什么人？

　　李可及：是妇人。

　　某甲：（惊道）怎么是妇人？

　　李可及：（不慌不忙地）《金刚经》中有"敷座而坐后"若非妇人，何须夫（敷）坐然后儿（而）才坐呢？

　　（说得是满堂大笑。）

　　某乙：那么道教的太上老君是何人呢？

　　李可及：也是妇人。

　　某乙：怎么会是妇人呢？

　　李可及：《道德经》曰："吾有大患，是吾有身。"若非妇人怎会有娠

（身）呢？

（观众又大笑）

某丙：孔子是何人呢？

李可及：也是妇人。

某丙：为什么？

李可及：《论语》曰："沽之哉！吾待价（嫁）者也。"若非女人，为什么要等待出嫁呢？

（听者哄堂大笑）

对话点评 ⋯⋯⋯⋯⋯⋯⋯⋯⋯⋯⋯⋯⋯⋯⋯⋯⋯⋯⋯⋯ ★

李可及不愧为歪曲经典的高手。对众人所提的三教里很刁的问题，他都能够引用各教经典里的词句，巧妙地利用里面谐音和俗语加以回答，起到了轰动性的幽默效果。

08

罗伯特募集慈善费的妙法

对话场境 ⋯⋯⋯⋯⋯⋯⋯⋯⋯⋯⋯⋯⋯⋯⋯⋯⋯⋯⋯⋯ ★

罗伯特先生是一位在募集慈善费的义务工作员，当他在拜访一个未来的捐款者——一位女士时，他是这样说的。

对话内容 ⋯⋯⋯⋯⋯⋯⋯⋯⋯⋯⋯⋯⋯⋯⋯⋯⋯⋯⋯⋯ ★

罗伯特：早安，夫人，我可以进来吗？

女士：哦……你简直成了个生客了。

罗伯特：我一直希望能常来拜访您。可是有时我简直找不出一点时间来拜访一位漂亮的夫人。

女士：这是真的吗？！

罗伯特：是的……好在我最近接受一桩能使我到这儿来的事情。我不但因为能来拜访您而感到高兴，并且我还要把这桩有趣的事跟您谈呢！

女士：好极了。什么事情啊？

罗伯特：我猜您已在报纸上看到了，是那关于慈善募款运动的新闻。

女士：是的，我已看到了。

罗伯特：这一次的慈善募集，实在太重要了，您当然会相信的吧！

女士：哦，是的。

罗伯特：听说这次慈善募集，是为了要建一所公共医院，因为那原有的建筑太陈旧太拥挤了，这也是非常需要的呢。我不知道假如我们没有了这样的医院，遇有什么急病发生或者孩子病了，那么会怎么办呢！我们的确需要这所医院，您觉得怎样？

女士：是的，那是毫无疑问的，我们需要这种组织的。

罗伯特：是的，这也许是市镇上最重要的组织了吧？

女士：是的，的确如此。

罗伯特：我相信您和我想的一样。的确如此，所以我们必须使它建设成功，而且至少使它一直都能看护我们。即使我们对它有一点点牺牲的话，我们的家庭和邻人就会看到我们都已经做了力所能及的贡献。

女士：是的，我们当然应该如此。

对话点评 ∙∙ ★

罗伯特在与这位女士的谈话中，自始至终都在寻求谈话的共同点，步步深入，他以得到"是的"的简答为依据，通过不断的"是"使对方接受了自己的观点。在此交谈的前前后后，可以说这位女士毫无一点不同意的地方。罗伯特使用的这种方法，一般称之为苏格拉底法。

09

冯骥才幽默达意

对话场境 ······································· ★

作家冯骥才在美国访问时，一个美国朋友带儿子去看他。说话间，那个孩子爬上冯骥才的床，站在上面拼命蹦跳。冯骥才见到了，就来了一句幽默。

对话内容 ······································· ★

冯骥才：请你的儿子到地球上来吧！

朋友：好，我和他商量商量。

对话点评 ······································· ★

冯骥才这一句幽默既巧妙地表达了自己的意图，又没有因这点小事而伤及朋友的面子，可谓处理得恰到好处。

10

魏明伦与李敖的见面语

对话场境 ······································· ★

在访问台湾时，魏明伦特意参加了"李敖珍藏书画拍卖预展"。经音乐家许博允牵线，他结识了台湾狂人怪才李敖。李敖一见面便随和地向魏明伦牵过手来。

对话内容 ⋯⋯⋯⋯⋯⋯⋯⋯⋯⋯⋯⋯⋯⋯⋯⋯⋯⋯⋯⋯⋯⋯⋯ ★

李敖：欢迎光临，我是李敖。

许博允：你俩都是鬼才，今天这里见面，真是鬼撞鬼了。

魏明伦：不敢当。我是小巫，李敖先生是大巫，今天是小巫见大巫。

李敖：巫山在四川省，要说巫，还是四川的魏明伦为大。

对话点评 ⋯⋯⋯⋯⋯⋯⋯⋯⋯⋯⋯⋯⋯⋯⋯⋯⋯⋯⋯⋯⋯⋯⋯ ★

许博允打趣说李敖与魏明伦的见面是"鬼撞鬼"，魏明伦紧扣此语，说不是鬼撞鬼，而是小巫见大巫，既表示了自谦，又显得幽默风趣，没想到李敖也来了一句引申，说明魏明伦才是大巫，也是自谦之词，一场介绍竟然可以这样妙趣横生，真是令人叫绝。

11

居里夫人的奖章

对话场境 ⋯⋯⋯⋯⋯⋯⋯⋯⋯⋯⋯⋯⋯⋯⋯⋯⋯⋯⋯⋯⋯⋯⋯ ★

一天，居里夫人的一个朋友来家里做客，看见居里夫人的小女儿正在玩一枚金质奖章，那是英国皇家学会发给居里夫人的。朋友感到很吃惊。

对话内容 ⋯⋯⋯⋯⋯⋯⋯⋯⋯⋯⋯⋯⋯⋯⋯⋯⋯⋯⋯⋯⋯⋯⋯ ★

朋友：夫人，现在能得到一枚英国皇家学会的金质奖章，可是极高的荣誉啊！您怎么能够将金质奖章给孩子玩呢？

居里夫人：(笑了笑)我是想让孩子从小就知道，荣誉就像玩具，只能

玩玩而已，绝不能永久守着它，否则将一事无成。

（朋友立即露出了钦佩的神色）

对话点评 ....★

居里夫人说"荣誉就像玩具，只能玩玩而已，绝不能永久守着它"。她是这样说的，也是这样做的。她把一生都奉献给了科学事业，从来不计较什么名利，着实令人钦佩，她富含哲理的话，也让人很受启迪。

12

红白米饭之争

对话场境 ....★

某人深信儒家礼仪。他的朋友近来丧母，服丧期间，偶尔吃了红米饭，被他见到了，他认为这是很不应该的，就指责他的朋友。

对话内容 ....★

某人：红米是喜庆颜色，你却吃红米，真是大逆不道。

朋友：如果这样的话，吃白米饭的人岂不是都有丧事？！

对话点评 ....★

信儒不化者以红是喜庆的颜色为理由反对别人居丧食红米饭。他的朋友先假定他的话是正确的，然后根据白色与丧事有关，合乎逻辑地得出"吃白米饭的人都有丧事"这一极其荒谬的结论，从而推翻了信儒不化者的谬论。

13

李东阳驳斥朋友的谬论

对话场境 ·································· ★

明朝诗人李东阳，得到一匹好马，把它送给朋友陈师召。陈师召骑着这匹马上朝，回来的时候，作了两首诗。回来以后他要把马还回李东阳。

对话内容 ·································· ★

陈师召：平时我骑马上朝，一来一回能作六首诗，这次骑这匹马只作了两首，还是把它还给你吧，这不是好马。

李东阳：马是以走得快为好。

（陈师召沉思了半晌，点点头又骑着这匹马走了。）

对话点评 ·································· ★

艺术文学不同于科学，标准自然不同，陈师召骑李东阳送的马，少作了几首诗，就说那匹马不好，显然是以艺术的标准取代科学，是荒谬的。其实，陈师召之所以会少作诗，是因为骑李东阳送的马跑得比平时的马快，用在路上的时间少了。这恰恰证明了那匹马是一匹良马。

14

齐王与魏王比宝

战国时，齐威王与魏惠王在城外会面，并一起打猎。在休息的时候，魏惠王想乘机向齐威王炫耀一下自己国家的富有。

魏惠王：贵国有宝物吗？

齐威王：没有。

魏惠王：（洋洋得意地）我们国家虽然小，但也有能够照亮前后十二辆车的宝珠十枚，而拥有万辆兵力的你们，会没有宝物？

齐威王：我所拥有的宝物跟你拥有的宝物有些不同。我有个臣子叫檀子，派他守御南城，楚国人便不敢朝东面向我国进攻，且泗上一带十二个小国来朝贡；另一个臣子叫盼子，派他守卫高唐，越国人便不敢越过黄河渔猎，另一个叫种首的臣子，我让他管理治安，结果齐国路不拾遗，夜不闭户。这些人才都是世上罕见的宝珠，他们的光芒可以照耀千里，岂止区区十二辆车啊！

（魏惠王听后，满面羞惭地告辞而去）

魏惠王开始问齐威王有宝物没有，齐威王说没有，是想弄清对方的底牌，看对方所谓的宝物到底是什么，好以静制动，果然魏惠王迫不及待地说出魏国的宝物就是能照亮十二辆车的十个宝珠，知道了对方的底牌，齐威王就好反击了，他以人才为宝，列举自己几位有才的臣子，从而间接地讽刺了魏惠王的庸俗不堪，魏惠王当然是羞愧满面、无地自容了。从这件事来看，齐威王的口才与政治才能要比魏惠王强多了。

15

张大千的幽默

对话场境 ⋯⋯⋯⋯⋯⋯⋯⋯⋯⋯⋯⋯⋯⋯⋯⋯⋯⋯⋯ ★

　　张大千是我国著名的一位国画家，在他要从上海返回四川之际，有人举行一个宴会为他饯行。这次宴会邀请了梅兰芳等社会名流出席。宴会开始，大家都想首先向他张大师敬酒，而张大千却走到了梅兰芳的面前。

对话内容 ⋯⋯⋯⋯⋯⋯⋯⋯⋯⋯⋯⋯⋯⋯⋯⋯⋯⋯⋯ ★

　　张大千：还是让我这个小人先敬你这位君子一杯吧。

　　梅兰芳：(不解地)此话怎讲？

　　张大千：(笑道)你动口，当然是君子嘛，我动手，岂不是小人？

对话点评 ⋯⋯⋯⋯⋯⋯⋯⋯⋯⋯⋯⋯⋯⋯⋯⋯⋯⋯⋯ ★

　　张大千开始就说梅兰芳是君子而自己是小人，使大家一头雾水，张大千后来自己解释，才知道是有意曲解了"君子动口不动手"这句名言，巧妙地与双方各自的职业，即唱和画联系了起来，富有幽默感，令人在开怀大笑之余，不得不佩服他的口才。

16

厨师驳斥作家谬论

对话场境 .... ★

　　有位热心的厨师，对一位作家的作品提出了批评。可作家却不以为然。

对话内容 .... ★

　　作家：你没有从事写作，因而你无权对我的作品提出批评。

　　厨师：岂有此理！我这一辈子没有下过一个蛋，可我能尝出炒鸡蛋的味道，母鸡能吗？

对话点评 .... ★

　　厨师从作家写作很自然地联想到了母鸡下蛋，从而使类比形神毕肖，让反驳妙趣横生。

17

两青年关于好水的辩论

对话场境 .... ★

　　一个秋色宜人的星期天，杭州西湖虎跑泉处有两位青年就水开展了一场争论。

对话 💬

青年甲：我国茶神陆羽的《茶经》将天下的水分为七等，镇江金山寺冷泉第一，无锡惠山石泉第二，苏州虎丘石井第三，丹阳寺井水第四，扬州大明寺井水第五，松江水第六，淮水第七。这里还轮不到杭州虎跑泉哩。

青年乙："尽信书不如无书"！陆羽将天下的水分为七等有什么根据呢？

青年甲：既称茶神，当然不会没有根据。

青年乙：看问题要面对现实，不能迷信权威。陆羽一生并没有走遍全中国。你刚才所说的七个地方都在中国的东南方。那长城内外，黄河上下，天府四方，苍茫楚天，还有普天下的河水、湖水、泉水、千家万户的井水，难道就没有好水吗？请问，陆羽走过几州几府，尝过几河几泉？他又有什么资格评定天下的水呢？有什么理由鉴定天下的水分为七个等级呢？何况今天各地的水质又起了极大的变化。就说苏州虎丘号称第三泉，你如果有勇气将那泛起沼泡和飘浮垃圾的水喝上一口，恐怕卫生防疫站的救护车要为阁下折腾一番了。你这样说岂非虚妄？

青年甲：（自知不是对手，看看远处山景）这里的山很雄伟……

对话点评 ••• ★

在青年甲与乙的这场辩论中，青年甲首先拿出陆羽的《茶经》作为支撑自己观点的基本论据，应该说还是相当有说服力的，青年乙在辩驳过程中就从青年甲的这个基本论据着手，论证了陆羽《茶经》中关于水的好坏评论是没有根据的。然后再用发展的观点举了苏州虎丘石井号称第三泉水质变坏的例子，经过一番摆事实讲道理之后，完全占据了上风，青年甲不得不终止这场辩论，转到别的话题上。

18

君臣二人比试书法

··· ★

　　南齐太祖萧道成提出要与当时著名的书法家王僧虔比试书法。君臣二人都认真地写了一幅楷书。

对话内容 ··· ★

　　萧道成：你说说，谁第一？谁第二？

　　王僧虔：（略一思忖）臣的书法，人臣中第一；陛下的书法，皇帝中第一。

　　（萧道成听后，一笑置之）

对话点评 ··· ★

　　萧道成的问题挺难应付。说自己的好吧，萧道成会不高兴；说萧道成的好吧，又有贬低自己之嫌。而王僧虔的回答避开了对方提问的关键——两个中到底谁第一，而是分两种情况来作答，这样问者、答者双方都满意。

19

丘吉尔摇自己的头

对话场境 ••• ★

丘吉尔是一位杰出的演讲家，这是毋庸置疑的，但他却不是一位好的倾听者，每当别人发表与他不同的意见时，他总是摇头表示不同意。

有一次，保守党议员威廉·乔因森希克斯在议会上演说，看到了丘吉尔又摇头表示不同意。

对话内容 ••• ★

威廉：我想提请尊敬的议员注意，我只是在发表自己的意见。

丘吉尔：我也想提请演讲者注意，我只是摇我自己的头。

对话点评 ••• ★

丘吉尔虽然不是一位良好的倾听者，但是在这里却显得很机智，他针对威廉把演讲限定为"我个人的"，他也是摇头不同意，加了一个"我自己的"限定语，以牙还牙，只此一语，却让对方无话可说。

20

孔子诠释忠孝

对话场境 ●●●●●●●●●●●●●●●●●●●●●●●●●●●●●●●●●●●●●● ★

　　有一次，鲁哀公向孔子问了个问题："做儿子的总是听从父亲的旨意，能算得上孝吗？做臣子的总是服从君主的命令，能算得上忠吗？"孔子不回答。鲁哀公问了三次，孔子仍然没有回答。从鲁哀公那里出来后，孔子便用这个问题考问子贡。

对话内容 ●● ★

　　孔子：刚才，君王问我，"儿子总听从父亲的话，能算得上孝吗？臣子总服从君主的命令，能算得上忠吗？问了我三次，我都没有回答。你以为如何？

　　子贡：儿子听从父亲的话，当然算得上是孝子；臣子服从君主的命令，当然算得上忠臣。您难道又有什么与众不同的回答吗？

　　孔子：你真是个小人啊，怎么一点见识也没有？从前有这样的说法：一个万乘之国，如果有四个直言进谏的臣子，那么它的疆域绝不会被侵削变小；一个千乘之国，如果有三个直言进谏的臣子，那么社稷就不会遭到倾覆；一个百乘的诸侯，如果有两个直言进谏的臣子，那么宗庙就不会毁灭。父母如果有直言规劝的儿子，就不会做出无礼的举动；士人如果有直言相劝的朋友，就不会做出不义的事情来。所以，儿子只知道顺从父母，怎么能说是孝子呢？臣子只知道服从君主，又怎么能说是忠臣呢？正确的看法是：要看在什么样的情况下从命，才算孝和忠。

子贡：（恍然大悟）先生，我明白了！

对话点评 ⋯⋯⋯⋯⋯⋯⋯⋯⋯⋯⋯⋯⋯⋯⋯⋯⋯⋯⋯⋯ ★

　　从本篇我们可以看出，其实正统的儒家思想从来都不提倡"愚忠愚孝"，而后来"愚忠愚孝"、盲目服从的思想之所以得到不断的加强，不过是封建统治者为了巩固自己的统治，对其进行了刻意的歪曲，实行的愚民政策罢了。此篇中，我们还可看出孔子分析问题时口才的高超。

21

纪晓岚巧辩解困境

对话场境 ⋯⋯⋯⋯⋯⋯⋯⋯⋯⋯⋯⋯⋯⋯⋯⋯⋯⋯⋯⋯ ★

　　清代大学者纪晓岚聪明绝顶，知识丰富，思维敏捷。一个夏天，他光着膀子读书，突然有人报皇上驾到，他更衣不及，赤膊又不雅，便藏到床下去了。过了好一阵子，没有动静，便从床底下钻出来。

对话内容 ⋯⋯⋯⋯⋯⋯⋯⋯⋯⋯⋯⋯⋯⋯⋯⋯⋯⋯⋯⋯ ★

纪晓岚：（问家人）老头子走了没有？

（不巧乾隆并没有走，还听到他的话。）

乾隆：你叫我老头子，老头子什么意思？

纪晓岚：万岁为"老"，人上人为"头"，"子"乃圣贤之尊称。

（乾隆皇帝听后，爽朗地笑了）

对话点评 ⋯⋯⋯⋯⋯⋯⋯⋯⋯⋯⋯⋯⋯⋯⋯⋯⋯⋯⋯⋯ ★

　　纪晓岚就是纪晓岚！一个本来对皇帝不敬的称谓经他一解释，不但没有丝毫对皇上不敬的意思，而且还拍了皇上的马屁，为自己解了困，纪晓岚的诡辩技巧真是高明啊！

22

女生反讽老师

....★

某班有一群女生很喜欢讲小话，一到晚叽叽喳喳个不停，老师很不高兴。有一天，老师在上面讲课，她们仍然在下面说个不停，老师再也忍不住了。

....★

老师：你们叽叽喳喳，简直胡闹。一个女孩相当于五百只鸭子。

（不久，老师的妻子和女儿来找他，老师没注意到，女生们却注意到了，一名女生站起来向他报告）

女生：老师，外面有一千只鸭子找您。

（老师出去一看，是自己的妻子与女儿，顿时哭笑不得）

....★

这位女生机械照搬老师的比喻，自然天成，使老师自食了苦果，很是高明。同时也告诫了某些老师要注意自己的教育方法。

对话 💬

23

最脏的桌子

对话场境 ●● ★

有位老师给学生上语法课，他走进教室，看到讲台上写着许多粉笔字，放着好些杂物，很脏。他想了想，就开始发话了。

对话内容 ●● ★

老师：我们教室里最脏的桌子是哪一张？

同学们：（异口同声）讲台！

老师：你们有点偏心！自己用的课桌都擦得干干净净，却让我用最脏桌子，这不是"虐待"老师吗？

（这话逗得全班同学哈哈大笑。笑声中大家都感到有点不好意思）

老师：不过，我今天倒要借用这"最脏的桌子"做一点文章呢！

同学们：（惊奇地）什么？

（同学们瞪大眼睛，看老师一笔一画地在黑板上写了"最脏的桌子"几个大字）

老师：请大家分析一下，这里有几个词？

同学们：四个。

老师：它们分别属于什么词性？

同学们：它们分别是副词、形容词、助词和名词。

老师：哪个词是这个短语中最主要的部分？

同学们：桌子。

老师：对！其余都是修饰成分，这种以名词为主体的短语，称为名词短语，这就是我们今天要讲的主要内容。

对话点评 ··· ★

这位老师讲课时，紧紧抓住了"最脏的桌子"，做了两方面的文章，一是委婉风趣地批评了班级值日工作的不到位；二则灵活自然地作了这堂语法课的引言，可谓"一箭双雕"。

24

马克·吐温捉弄吝啬邻居

对话场境 ··· ★

马克·吐温有一次在邻居的图书室里浏览书籍时，发现有一本书深深地吸引了他。他便向邻居借。

对话内容 ··· ★

马克·吐温：这本书我可以借阅几天吗？

邻居：欢迎你随时来读，只要你在这里看。你知道，我有个规矩，我的书不能离开这栋房子。

（几天后，这位邻居到马克·吐温家，向他借锄草机）

邻居：可以借用一下你的锄草机吗？

马克·吐温：当然可以，但依我的规矩，你得在这栋房子里用它。

对话点评 ··· ★

俗话说"与人方便，自己方便"，更何况是邻里呢。马克·吐温的邻居也太小气了。马克·吐温在他来借锄草机时来了一个以其人之道还治其人之身。你说你的书不能离开你的房子，那我的锄草机也不能离开我的房子。这一"报复"当然是善意的，相信他的邻居应该警醒了。

25

鲁宾斯坦打分

对话场境 ⋯⋯⋯⋯⋯⋯⋯⋯⋯⋯⋯⋯⋯⋯⋯⋯⋯⋯⋯⋯ ★

有一次，著名钢琴家鲁宾斯坦应邀来考核巴黎音乐学院钢琴系的学生。考核的分数被限定在零至二十分之间。

令人惊异的是，在这次考核中，鲁宾斯坦给予每名学生的分数或是满分二十分或是零分。人们不解，跑去询问鲁宾斯坦。

对话内容 ⋯⋯⋯⋯⋯⋯⋯⋯⋯⋯⋯⋯⋯⋯⋯⋯⋯⋯⋯⋯ ★

人们：你打的分或者是满分或者是零分，这是为什么？

鲁宾斯坦：呵，是这样，他们或者能弹钢琴，或者不能！

对话点评 ⋯⋯⋯⋯⋯⋯⋯⋯⋯⋯⋯⋯⋯⋯⋯⋯⋯⋯⋯⋯ ★

人人都知道能与不能有区别，能者也有水平的不同。鲁宾斯坦自然不会不明白，他的真正意思是，作为钢琴系的学生要么不弹；要弹，只能对自己有最高的要求，达到最高的艺术境界。在他给学生打分的过程中，实际上就体现了他这种艺术观。

26

钢琴后面的位置

对话场境 ·· ★

俄国著名钢琴家鲁滨斯坦，有一次在巴黎举行演奏会，获得巨大成功，可有一位贵妇则走过来向他抱怨。

对话内容 ·· ★

贵妇：伟大的钢琴家，我真羡慕你的天才，可是票房的票已经卖光了。

鲁滨斯坦：遗憾得很，我手上一张票也没有。不过，在大厅里我有一个座位，如果您高兴……

贵妇：（非常兴奋）哪个位置？这个位置在哪里？

鲁宾斯坦：不难找——就在钢琴的后面。

对话点评 ·· ★

拒绝人是很需要艺术的，拒绝如果用得不恰当，往往会给自己带来不必要的麻烦。鲁滨斯坦在此处先跟贵妇说还有一个座位引起对方心理的满足感，然后说这个位置在钢琴后面，众所周知这个座位是钢琴家的，贵妇也就再不好意思向他要位置。鲁滨斯坦虽然同样拒绝了她，但是给贵妇的感觉是音乐家为这事已经尽力了，是一位热爱观众的音乐家。